JN412649

어떤 계절

어떤 계절

통과하는 시간에 관하여

김진희

차블

우리는
두 개의 바다가 만나는 해안에 도착해 있다.

《수학자의 아침》〈누군가 곁에서 자꾸 질문을 던진다〉 김소연, 문학과지성사

때를 따라 아름답게

인생의 어려움과 힘듦 가운데 있을 때 바꿀 수 있는 건 태도 하나뿐이라는 것은 익히 알고 있다. 그런데 그게 쉬웠다면 그런 말이 있지도 않았겠지. 내게 태도 말고 방편이 하나 더 있다면, 쓰기다.

당신은 왜 씁니까? 묻는다면 나는 한없이 슬퍼서 쓴다. 그 한없는 슬픔을 잘 말하고 싶어서 쓴다. 말보다 글을 신뢰하기 때문에 쓴다. 말보다 글이 아름다워서 쓴다. 써놓고 나면 살만해지기 때문에 쓴다. 살만해진다.

어려움과 힘듦을 담백하게, 단정하게 쓰고 싶다. 담담하게, 단단하게 쓰고 싶다. 담백한 것, 단정한 것이 나의 문체가 되었으면 좋겠고 담담한 것, 단단한 것은 정서와 태도가 되었으면 좋겠다. 글의 온도는 서늘하게, 습도는 건조하게, 허나 그 안에 뜨거운 나의 마음이 담기도록. 그리하여 끝내 그 모든 것으로 우아함을 만들어내고 싶다.

그렇게 썼다면 그렇게 살려고 노력하게 된다고 믿는다. 현재를 잘 감당하고 잘 통과하는 것이 때를 따라 아름답게 사는 일 아닌가 싶다. 어려움과 힘듦조차 지금 나의 때에 맞는 아름다운 일이 될 것이므로 울고 웃으며 가장 아름답게 살겠다. 아름답게 쓰겠다.

차례

2부 봄

3부 여름

4부 가을

1부
겨울

마음을 쉬세요

한 달에 한 번, 목요일이면 홍대에 간다. 작년 봄부터 다닌 피부관리실이 그쪽에 있기 때문이다. 문을 열고 들어서면 따뜻한 차 한잔을 준비해 주신다. 나는 잠깐 앉아 핸드폰을 무음으로 바꾸고 차를 반쯤 마신다. 베드가 준비된다. 몸을 눕힌다. 등이 따뜻하다. 두 시간의 관리가 시작된다.

몇 년 전, 갑자기 기미가 생겼다. 말 그대로 갑자기. 깜짝 놀랐다. 코로나로 마스크를 썼으니 적당히 가려졌다. 그래서 치료가 늦어지기도 했다. 재작년 겨울, 더는 미룰 수 없어 피부과에 갔다. 두 주 간격으로 열 번 레이저 치료를 받았는데 갑자기 생긴 기미가 갑자기 사라지지는 않았다. 속상했다. 아이가 특목고에 진학하며 함께 마음고생을 했는데 내게도 주어진 훈장 같은 건가 싶어 달고 가야 하면 해야지 했다. 그래도 속상했다. 기미는 그럼 됐고. 꾸준히 다닐 관리실을 알아보았다. 코로나에 걸린 후 대상포진까지, 내 면역력이 바닥났구나 싶던 차였다.

선생, 방송작가, 교재개발자를 거쳐 다시 사교육장의 선생으로, 프리랜서가 된 지도 오래다. 딱 정해진 시간만큼 일하는 프리랜서는 그 외의 시간 몸값 하기 위해 자신을 든든하게 채워두어야 한다. 나는 그에 더해 엄마이기도 했으니 길게는 이십 년, 빡빡하게는 십이 년, 아이, 일, 집안일, 세 개의 공을 던지고 받는 저글링 곡예사였다. 재미있었다. 아이는 예뻤고 욕심나는 좋아하는 일이었고 몸은 힘들어도 집 안이 잘 정리돼 있으면 편안했다. 내 세계가 구축됐다.

아이가 대학에 입학하기를 손꼽아 기다리지는 않았다. 월화수목금금금, 영혼까지 불태우며 산다고 생각은 했지만 견딜 만했다. 그런데 몸만 쓴 게 아니었다. 몸을 쓴 게 문제가 아니었다. 프리랜서 워킹맘은 마음을 써야 했던 것이다. 일하지 않는 시간에도 일 생각. 아이가 없는 시간에도 아이 생각. 집안일을 하면서 밥을 먹으면서 심지어 누워서도 일, 아이, 내일 할 일. 몸과 마음을 다 써버린 걸 번아웃이라 하던가. 그런데 번아웃될 걸 알면서 공이 떨어지게 둘 수 없어 다시 공을 던지는, 아픈데 아플 수 없어서 아프지 않아지는, 나는 그런 상태였다. 그리고 잘 몰랐다. 아이가 수능을 보고 돌아와 가채점한 저녁. 삼 년간 단 한 번도 못 맞춘 적 없는 수능 최저등급까지 못 미치는 점수를 받았다는 걸 알았을 때 나는 오밤중에 오열했다. 난 생처음 소리 내 울었다. 그리고 알았다. 내가 참았구나. 아이가 대학에 입학하기를 기다렸구나. 마음을 다 써버렸구나.

몸을 다 쓴 사람은 몸을 쉬어 주면 되는데
마음을 다 쓴 사람은 어떻게 해야 할까.

풀 수 없는 문제 앞에 앉았다. 쓰고 싶은 마음을 울음 삼키듯 꾹꾹 삼키던 날이 있었다. 시간이 없어. 지금은 마음의 여유가 없잖아. 대신 박완서 작가의 말을 품었다. '난 아무것도 쓰지 않고 그냥 살아왔던 시간도 중요하다고 말해 주고 싶다.' 내 말로 바꾸어 읽었다. '난 아무것도 쓰지 못하고 살 수밖에 없었던 시간도 중요하다고 말해 주고 싶다.' 유일한 위로였다. 나는 쓰지 않는 사람이 아니라 쓰지 못하고 있는 사람. 그러니 괜찮아. 그렇게 2년이 지나간 줄도 몰랐다. 마음을 다 쓴 사람, 울음을 삼키던 사람은 부끄러운 줄 모르고 아무 때나 울었고 민폐인 줄 알면서 친구에게 몇 시간이나 하고 싶은 말을 쏟았다. 걱정하고 있을 어른들에게 안부도 전하지 않았다. 꿈을 꾸었다. 봄빛이었다. 아이는 대학에 가고 나는 미뤄둔 글을 쓰든 하고 싶은 공부를 하든 나를 잘 돌봐야지. 나를 돌보는 시간을 보내야지. 봄빛 꿈을 꾸는 시간만큼은 우아했다. 앞날을 몰라서 우아할 수 있었다.

첫 수능이 끝나고 다음 해 1월 7일, 아이가 기숙학원에 입소했다. 그 후 일주일 동안 나는 허둥댔다. 재수를 결정하고 아이는 방을 치우기 시작했다. 방에서 진출해 공부하던 거실까지 치웠다. 나도 합류했다. 아이 보내고 허둥대며 서재, 주방, 쌓아 올린 책까지, 주저 없이 버렸다. 원 없이 버렸다. 팔다리가 아프도록 들고 날랐다. 오래된 수업 자료, 더는 나를 유혹하지 않는 물건들. 버리자고 마음먹으니 끝도 없이 나왔다. 가만히 앉아 있으면 마음이 허둥댔다. 몸을 움직이면 허둥대는 줄 잘 모르겠었다. 후련했다. 이십 년 살림살이가 단박에 단출해지진 않았지만 실수할까, 실패할까, 꼭 쥐느라 얼마나 힘주고 살았는지도 몰랐던 내가 손을 폈다. 훌훌 털었다. 단정하게 정리된 물건들을 본다. 방을 본다. 책상 위에 놓인 읽고 있는 몇 권의 책이 소중하다. 저것만 빼고 다 버려도 괜찮을 것 같아.

마음먹고 아이와 단둘이 술 마시러 나간 어느 날이었다. 가고 싶었던 꼬치구이집, 오코노미야키도 맛있다고 했다. 주종은 소맥. 배가 고팠기에 접시 가득 올려진 가쓰오부시의 춤은 감상할 겨를이 없었다. 술이 막 달았다. 소주 두 병, 맥주 세 병, 소녀와 엄마는 두 여자가 되어 얼큰하게 취했다. 당연히 꼬치도 시켜 안주발을 세웠다. 마지막으로 시킨 오뎅탕이 달아, 달았어, 달더라, 세 번쯤 말하고 아, 나 취했군 그랬다. 집에 가서 잭콕 먹자. 술이 술을 부르는 법이지. 엄마가 딸을 꼬셨다. 품

종 딸기 비싸서 안 사 먹었는데 지갑도 막 열렸다. 잭다니엘 사고 딸기 사고 새우깡이 아니라 정새우도 샀다. 나의 여자 동지는 까르르 까르르 웃는다. 나는 롱패딩을 입고 길바닥에서 점프했다. 둘이 시시덕거리며 집으로 돌아왔다. 딸은 영상을 찍었다. 얼굴이 나왔다 안 나왔다 하는 길고 긴 영상, 나의 공중점프 샷은 딸 핸드폰에 고스란히 남아 있다. 우리는, 아니 나는 조금 괜찮아진 것 같았다.

얼굴도 많이 좋아졌고 매달 가는 것도 번거로운데 그만 갈까. 문득 그런 마음이 스쳤다. 피부관리실 말이다. 마음까지 돌볼 여유가 없을 때 그동안 내가 쓴 방법은 루틴을 만드는 것이었다. 피부관리실도 그중 하나였다. 스케줄에 나를 잘 묶어두었다. 관리실 침대에 두 시간을 반강제로 누워 있자면 핸드폰도 없고 일어나지도 못하니 머릿속으로 일을 했다. 딴생각도 많이 했다. 수시 원서를 넣은 9월부터는 기도를 하게 되었다. 모델링팩을 떼면 고였던 눈물이 조르륵 흘러내려 조금 부끄러웠다. 그리고 어느 날, 그냥 가만히 누웠는데 몸을 쉬지 말고 마음을 쉬세요, 하는 말이 떠올랐다. 방법은 여전히 모른다. 마음을 쉬게 해야 한다는 것까지만 알았다. 그냥 사는 사람은 없다는 은유 작가의 말을 좋아했다. 맞아, 그냥 사는 사람 없고 그냥 산 인생 없지, 덧붙여 또 품었다. 한 달, 마음에 힘이 하나도 없어서 그냥 살았다고 생각했는데 그냥 살지 않은 시간이었다. 물건도 마음도 다 버린 곳에 공간이 남아 있었다. 텅 빈 공간.

그래서 쓴다. 쓰기로 한다. 용기가 있어 쓰는 것이 아니라 쓰고 나면 용기가 난다. 지금은 하루를 살아갈 만큼의 힘이면 충분할 것 같다. 내가 나에게 가장 다정한 인사를 건네 보려고 한다.

이번 생은 그냥 애틋해버릴까

엄마를 둘로 나눈다면 고3 지내본 엄마와 안 지내본 엄마가 있다는 이야기가 있다. 에이, 뭘 또 그렇게까지 말한담. 나는 아이들을 가르치니까 스스로 잘 알고 있다고 생각했다. 하지만 아니었다. 처음은 먼저 대학생이 된 친구 딸 때였다. 친구와 나는 스물에 만나 쉰이 되었으니 삼십 년 지기고 친구는 나보다 조금 일찍 결혼해 친구 딸과 우리 딸은 두 살 차이가 난다. 고3 엄마를 아주 가까이서 2년 먼저 보게 된 것이다. 하지만 아이가 얼마나 힘든지, 내 친구는 얼마나 힘들었을지, 후에야 알게 되었다. 얘기를 듣고 보고 함께 울기도 했으나 내 일이 되었을 적에야 비로소 알았다. 온전한 경험 없는 완전한 이해란 불가능하구나. 아무도 묻지 않은 답을 스스로에게 할 수 있었다. 또 다른 타인의 경험에 대해 이젠 감히 상상할 수 없다고 말하겠다.

아이의 기숙사 경험은 두 번째였다. 처음은 고등학교 1학년 때였는데, 나는 말렸다. 스쿨버스가 있으니 통학이 불가능한 것도 아니고 여러 사람과 한 공간에서 생활하는 것이 쉬운 일은 아니기 때문이다. 하지만 딸은 원하는 고등학교에서 새롭게 시작하는 기숙사 생활을 꿈꿨고 준비하는 과정에서 신이 났다. 신났고 잘됐고 인생이 그렇게만 이어진다면 좋으련만 결국 한 학기 만에 퇴소하게 되었다. 기숙학원에서 재수하기로 결정했을 때 아이에게 기숙사의 환상 같은 건 없었을 것이다.

입소하는 날, 기숙학원 앞에서 아이와 헤어지고 연락이 끊겼다. 핸드폰은 즉시 제출, 그 외 전자기기는 들고 갈 수 없다. 한 시간 반 걸려 돌아오는 길, 나는 울지 않았는데 그날 밤엔 조금 울었다. 다 키운 아이를 떠나보낸 엄마들이 떠올랐고 아들 군대 보낸 엄마들 생각도 했다. 잠깐이지만 연락할 수 없다는 상황만으로도 마음이 이토록 묘한데 다시 볼 수 없다는 건 미칠 노릇 같았다. 고개가 절로 저어졌다. 내 마음이 어디에 가 있는지 정확히 알게 되었다. 모든 마음의 힘겨움은 상실, 무언가 잃는 것에서 온다는 정신건강의학과 선생님 말씀도 생각났다. 지난 이십 년, 내 마음은 온통 아이에게 있었다. 아낌없이 사랑했으니 후회 없이 돌아설 것 같았는데 왜 안 될까. 연락을 할 수 없어 불안한 건지 떨어져 있어 불안한 건지, 일시적인 감정인지 한동안 지속될 감정인지 아는 게 없었다. 친구와 우스갯소리로 아이가 하나라 죽을 때까지 맨날 처음이다 그랬는데 내 삶도 맨날 처음이었다. 그래도 맷집이 는다. '그래, 지옥에는 내가 간다.' 허클베리 핀의 말을 조용히 되뇌어보는 내가 되어간다. 인생은 많이 힘들고 가끔 재밌다. 막상, 지옥에는 내가 간다는 말을 처음 알게 되었을 때는 몰랐던 사실이다.

다음 날 오후 핸드폰에 유선 전화번호가 떴다. 여느 때 같으면 안 받았을 텐데 혹시나 하고 받았다. 아이가 교무실에서 전화를 걸었다. 개인적으로 보고 싶은 인강이 있으니 결제해 달라는 내용이었고 기숙학원 태블릿에 서로 메시지를 주고받을 수 있는 사이트가 있다고 했다. 들어가 보니 글을 쓰면 아이가 답글을 달 수 있는, 말하자면 둘만의 비공개 게시판이었다. 하루 3회로 횟수 제한도 있었다. 처음 글을 주고받느라 금세 3회를 다 썼는데 딸이 답글로 알려주었다. '글 세 개 제한 걸려서 못 쓸 때 하나 지우고 다시 쓰면 되는 걸로 알고 있음' 늘 방법은 있다. 그리고 그걸 가장 먼저 알아내는 건 궁한 당사자들이다. 인간은 그렇게 여기까지 왔다. 오랜만에 실컷 웃었다. 다들 어떻게 그렇게 빨리 알아낸 거야, 누가 알려준 거야.

그동안 메시지가 몇 개나 쌓였나 세어본다. 하루에 한 번씩은 보냈다. 필요한 교재와 물품 몇 가지가 있어 택배도 두 번 보냈다. 택배 보내며 쓰는 글에는 설명이 빼곡하다. 하루 3회가 모자랄 것 같던 처음 며칠을 지나 우리는 하루에 한 번 서로에게 편지를 쓴다. 나는 수업 가는 아침이나 짬이 난 오후 아니면 잠들기 전에 하고 싶은 말을 남겨 놓는다. 나의 메시지는 때로 길고 때로 짧은데 아이의 답글은 갈수록 담담해지고 담백해진다. 짧아진다. 나는 '읽음'이 떴나 안 떴나 '답글'이 달렸나 안 달렸나 궁금해서 수시로 들어가 보았는데 아이는 어땠는지 알 길이 없다. 다만… 오늘은 더 안 오겠지 한 어느 날 무심코 새로 고침을 했다고 한다. '와, 한번 새로 고침 해본 거였는데 새 글이 올라올 줄은 몰랐다. 좋네.' 찡했다. '내일 또 대화하자. 보고 싶어! 사랑해!' 또 찡. 찌잉.

각자의 일상이 있다. 몸은 떨어져 있다. 하루에 한 번 메시지를 주고받는다. 올해는 스스로를 잘 돌보기로 했는데 아직은 나보다 아이가 애틋하다. 애틋한 그 마음이 사랑인가, 애틋함은 사랑보다 힘이 센가 생각한다. 안타까워 애타는 마음은 몹시 아끼고 귀중히 여기는 마음보다 확실히 우위다. 애가 탄다는데 누가 이겨, 어떻게 이겨. 들어갈 때 영양제를 제대로 챙겨 보내지 못해 세 번째 택배를 보냈다. 보내고 메시지를 올려 놓았는데 오후 수업 마치고 보니 반가운 답글이 달려 있다.

'종류가 확 늘어났네. 꼬박꼬박 잘 먹어 볼게. 학원에서 수험생들 약 챙겨 먹으라길래 보내달라고 말했던 건데 바로 종로까지 갔다 와줘서 고마워. 효과 있었으면 좋겠다. 수업 잘 갔다

오고 또 연락 줘.'

아이의 메시지들은 '아무튼 엄마 수업 잘 갔다 오고.'로 마무리
된다. 기숙학원에서 온 편지를 받을 줄 꿈에도 몰랐지만 나는
이 글을 쓰면서 알게 된다. 다시 오지 않을 날들이다. 힘든 어
제도 지나가니 다행이고 힘든 오늘도 훗날 보면 너무 아깝다
고들 한다(진짜?). 그러니 사랑해야 한다. 아니 애틋해야 한다.
너에게도, 나에게도, 삶에도. 나는 애틋해서 늘 힘들었는데 오
히려 좋아! 일이 재밌게 돌아가겠구나! 해본다. 크게 외치기까
지는 못하겠지만 그래, 그렇다면 더 애틋하자. 이번 생은 그냥
애틋해버릴까. 그래선지 요즘 아이에게 보내는 나의 메시지는
'할 일을 하자. 아자!'로 끝난다.

1. 우리는 말을 하고 산다. 말하는 기쁨이 분명히 있다. 그러나 말이 충분하지 못할 때, 할 수 없는 말을 가지게 되었을 때 사람은 글을 쓴다. 글로 – 할 수 없는 말, 하지 못한 말, 마저 못한 말을 한다. 쓰기는 어쩌면 선택이다. 쓰지 않으면 살 수 없는 사람들, 쓰지 않으면 안 되는 순간, 쓰기를 선택한다. 내게 쓰기는 그런 것이다.

2. 글이 막 쓰고 싶어지는 때가 있다. 그럴 때 참아 본다. 무슨 마음인지 모른 채 꾹 눌러 놓는다. 마음속이 헝클어진 책장 같다. 그러다 어느 순간 한 권 한 권 세워 정리하는 마음으로 한 문장 한 문장 꺼내 잇는다. 가지런히 놓인 문장을 본다. 말끔하다. 속이 후련하다. 내게 글쓰기는 그런 것이다.

계속 이렇게 살진 않을 거예요

교회에 다니기 시작한 지 십오 년이 되었다. 나는 종교적인 인간이지만, 기독교적으로 사는 일은 쉽지 않아 내적 갈등을 겪었다. 이십 대에 세례를 받긴 했으나 예배드리며 많이 졸았다. 졸렸다고 해야 하겠다. 어려서 겪은 부모의 엄청난 갈등, 어린 날 당한 성추행, 참은 줄 모르고 참고 이유는 더더욱 모르겠는 시간이 쌓여 이십 대에 폭발했다. 마음의 지옥이 무엇인지 뚜렷하게 경험했다. 인생을 해석하고 싶었다. 완전한 해석을 꿈꾸진 않았으나 숨이라도 쉬고 싶었던 시간이 있었으므로 – 듣는 시간이 조금씩 쌓여 – 어느 날 그 말들이 내 안에 들어왔다.

지금은 사람마다 각자 고유한 존재로서 다르다고 생각한다. 교인이 천 명이라고 하면 교회와 완전히 맞는 사람이 있다. 조금 맞는 사람, 덜 맞는 사람, 안 맞는 사람 모두가 존재한다고 생각하는 거다(인생의 어떠한 경험을 통해 전격 변화하는 일도 있지만). 그래서 믿음이 없다고 자책하지 않기로 했다. 나라는 사람을 있는 그대로 받아들여 주는 공동체를 신뢰한다. 그걸 사랑이라고 인식한다. 죄와 지옥을 이야기하는 기독교이지만 예수님은 사랑을 실천하신 분이고 사랑 그 자체이기도 하다는 걸 믿고 싶기 때문이다. 어쩌면 존재 자체의 나로 받아들여진 경험이 너무도 부족하기에 늘 사랑을 갈구하며 그것이 관계의 기본값이 되었는지도 모른다.

처음 대학 입시를 치르며 간절했다. 불가능한 학교를 쓴 것도 아니고 잘해온 부분도 있지만, 학운이 있다고 하지 않는가. 그래서 운이 나를 비껴가지 않기를 빌었던 것 같다. 붙들 건 나의 신밖에 없어 그분께 더욱 간절했다. 모든 시험이 끝나고 후폭풍이 몰려왔다. 교만하다, 순종하지 않는다, 이런 말이 싫었고 자신의 생각 같은 건 없는 것처럼 일률적으로 읊어대는 말에 귀를 막고 싶었다. 생각해 보면 성경 말씀의 잣대가 여럿인 것도 이상한데 그때 나는 화가 잔뜩 나 있었다. 그리고 그럴 때 오직 시간만이 필요하다는 걸 지금은 조금 안다.

일요일 오후 책이나 읽을까 하고 앉았는데 갑자기 가슴이 답답했다. 앉아 있기가 힘들어 서교동에 갔다. 식탁 매트 봐둔 것이 있는데 그거나 사야겠다 싶었다. 일부러 버스를 탈 때가 있다. 창가에 기대 멍하니 앉아 있는 시간. 매트를 고를 때 보니 눌린 자국이 있는 것이 있었다. 직원은 '잘 보고 고르시면 돼요.'라고만 했다. 깊이 생각하지 않았고 나와서 합정역 쪽으로 걸었다. 중고서점에 다 읽은 신간 한 권을 팔려고 했는데 이전을 한단다. 늘 그 자리에 있을 줄 알았다. 영원한 건 없구나. 그런데 인간은 영원할 줄 알고 사는구나. 이럴 때마다 깨닫는다. 그래야 살아지기도 하니까. 아니면 불안해서 어떻게 살아.

식탁 매트를 깔고 보니 아무래도 전시품이다. 기분이 나빠진다. 왜 그때는 인지하지 못했을까. 리뷰를 쓰기로 했다. '식탁 매트를 구입했어요. 원래 좋아하는 브랜드인데 집에 와서 보니 전시했던 흔적이 남아 있습니다. 위에 물건을 놓았던 모양인가 봐요. 10퍼센트 세일 상품이긴 했는데 그게 전시품 할인인지 세일 중인 상품인지 알 수는 없었어요. 모르고 샀기에 그 점이 속상했습니다.' 괜히 썼나, 기분 나쁘면 환불하면 될 것을, 결국 사용할 것을, 굳이? 생각이 줄줄 이어졌는데 글을 올리고 보니 업체만 보도록 되어 있는, 비공개다. 다시 바꿀까 하다 되었다, 충분하다 했다. 아직까지 이 모습이 딱 나다.

인디언들은 아이가 스무 살이 되면 엄마가 아닌 한 인간, 자기 자신으로 돌아간다고 했다. 그 말을 들었을 때 좋았다. 출처를 찾을 수 없어 기억의 왜곡이 있는지 모르겠지만 나도 비슷한 생각을 했다. 이십 년이 내가 정한 육아 기한이었다. 그때가 되

32

면 나 자신으로 돌아가고 싶었다. 나를 돌보는 감각을 찾고 원래도 부족했던, 나를 돌보는 감각을 알고 싶었다.

'엄마는 요즘 말을 아끼고 글을 쓰려 해. 타인을 향한 시간을 아껴 엄마 시간으로 삼으려고 해. 엄마 자신으로 돌아간다. 인생에서 가장 소중한 건 너야, 자기 자신이야. 너 스스로를 돌봐. 돌보는 데엔 아껴 주는 것도 있지만 자신을 발전시키는 것도 들어간다.'

점심 무렵 딸에게 보낸 글의 마지막 문단이다. 내가 마음을 쓰는 사람이란 건 익히 알았는데 그 마음이 시간을 쓰게 하고 노력을 하게 해 일을 잘되게 만들었다. 그래서 브레이크가 걸리지 않았다. 긴 세월 관성이 붙어 질주에 가까웠다. 사람들이 내려놓으라고 하는 말이 무슨 말인지 잘 몰랐는데 지나친 것부터 내려놓아야 했다. 내 마음에 관한 한 하고 싶은 말 정확하게 하기, 설명하기 싫다면 안 하기, 그래서 생기는 불편한 감정들을 좀 내버려두기. 미움받을 용기까진 아니더라도 사랑받지 않아도 괜찮은 의연함으로 살기(위근우 작가의 말이다. 최근 들은 말 가운데 가장 좋았다). 좋은 게 좋은 거지 한다지만 좋은 것에서 나는 빠져 있었고, 좋은 게 끝까지 좋지는 않았다. 내 마음이 불편하게 살지 않을 것이다. 오십은 두 번째 스무 살 같기도 하다. 나는 실패한 나의 스무 살을 다시 잘 살아볼 것이다. 그럼에도 불구하고 최근 또 한 가지 바보짓을 했다.

문어체의 진심

친정아버지와 통화할 일이 있었다. 이야기를 하다가 딸 데리러 간다고 했더니 경기도에서 서울 오는 버스 많은데 뭐 하러 가냐 하신다. 다 컸는데 혼자도 와야지. 한 번도 생각지 못한 문제다. 나는 어떤 마음으로 데리러 가는가. 한 달을 기다린 마음, 보고픈 마음. 한 달을 기다렸을 아이 마음, 당연히 데리러 올 거라 생각하는 아이 마음, 엄마가 보고플 아이 마음. 그 모든 마음을 아는 내 마음. 아버지와 나는 스스럼없이 이야기하는 사이라, 어우… 공감능력 빵점 아닙니까, 서로 웃고 말았지만 실은 그랬다. 그 말이 나를 붙들었다. 나는 어떤 마음으로 아이를 데리러 가는가. 아버지는 어떤 마음으로 데리러 가지 않는가. 45년생 아버지, 74년생 딸. 그 마음은 세대 차이일까 아니면 개인의 차이일까. 쉽사리 결론 내지 못하겠다. 아버지는 아버지대로, 나는 나대로 '모두가 그럴 수 있지.'라는 게 요즘 내 마음이다. 그런데 아버지도 그럴까.

아버지와 엄마는 나 열 살부터 스무 살까지, 두 사람 사십 대를 전후로 대단하게 싸웠다. 나는 도망갈 데가 없어 이불 속에서 참 많이 울었다. 싸우는 사람들은 정작 듣지 않는데 싸움을 듣는 사람은 숨죽여 운다. 누가 가르친 적도 없는데 이불에 들어가 운다. 누군가 그런 집 많아, 괜찮아, 네 잘못 아니잖아, 네 삶을 살아, 대신 잘 살아야 돼, 그중 한마디만 해주었어도 고등학생이었던 어느 날 다 그만해! 이제 이혼해! 나가버려! 소리친 날이 빨리 왔을지 모른다. 소리가 터져 나오기까지 너무 오래 걸렸다. 그 시간만큼 내 마음은 이불 속에서 살았다. 아버지와 통화하고 나서 맞아, 나는 내 마음을 이해받으며 자라지 못했지. 내 부모는 자식의 마음을 헤아릴 여유가 없었지. 그들의 삶은 전쟁터였다. 나는 청소년기를 전장에서 버틴 셈이 된다. 끄덕끄덕 내가 나를 이해하기로 한다.

딸아이 초등학교는 혼자 걸어올 수 있는 거리가 아니어서 내가 데리러 갔다. 일 때문에 가지 못하는 날은 친정엄마가 가기도 했다. 막 3학년이 되었을 때 아이가 말했다. 엄마, 애들도 버스 타고 가는데 나도 버스 타고 가볼래. 그래? 그럼 버스 타고 와볼래? 그때부터 초등학교 졸업까지 아이는 버스를 타고 집에 왔다. 처음 버스 탄 날 스스로를 대단히 여겼을 게 틀림없다. 나는 아이 말에 귀를 잘 기울이면 된다고, 내가 나의 양육 방식을 믿고 지지하기로 했을 것이다. 야, 할아버지가 말이야,

라고 시작된 나의 뒷담화 같은 메시지에 아이는 이렇게 답을 남겨 주었다. '초등학교 3학년 때를 아직 기억하다니. 맞아, 그랬었어. 내가 뭔가 말하기 전까지는 늘 엄마가 생각하기에 최선의 방법으로 날 챙겨줬었지.'

겨울학기 책 모임 마지막 책은 신형철 평론가의 《슬픔을 공부하는 슬픔》이었다. 우리는 한 계절에 세 권의 책을 읽는다. 이번 계절에는 사유와 문장에 관해 공부하며 《다정소감》, 《숨그네》, 《슬픔을 공부하는 슬픔》을 읽었다. 요즘 가장 잘나가는 사십 대 에세이스트 하면 김혼비를 뺄 수 없고 헤르타 뮐러는 '응축된 서정성과 진솔한 산문'을 인정받아 2009년 노벨상을 수상했다. 비극은 시의 옷을 입어야 한다고 작가 스스로 말하기도 했으니 그녀의 문장이 어떠할지 상상할 수 있다. 신형철 평론가의 사유와 문장이야 책 좀 읽었다 하는 분들은 익히 알 것이다. 《슬픔을 공부하는 슬픔》은 그의 2018년 산문집이다. 평론보다는 훨씬 쉽지만 그래도 어려워하는 분들이 있었다. 하지만 이런 책도 읽어야 다음으로 나아갈 수 있다고 믿기에 우리는 열심히 나눴다. 열여덟 명의 밀도 높은 북토크는 일회독을 재독, 삼독한 만큼 이해하도록 만드는 저력이 있기에 그랬다.

바로 그 겨울학기 모임이 종강을 했다. 그리고 나는 편지 한 통을 받았다. 나라고 우리 딸이 이제 이렇게 대학에 가게 되었어요, 하고 싶지 않았겠는가. 그런데 재수하게 된 걸 어쩌겠나. 눈물을 조금 그치고 보니 이런 시기는 그저 지나가야 한다. 지나봐야 알기도 한다. 그래서 밀고 나간다. 내게 밀고 나가는 방법이 글이다. 글쓰기다. 편지지는 분명 하얀 색이었는데 그분 특유의 밝음으로 물들어 온통 핑크빛이다. 나의 힘듦을 함께 아파하는 말, 곁에 있음을 기억해 달라는 말, 책 모임 방학 끝나고 봄에 만나자는 약속의 말, 상상도 안 해본 손편지는 신형철 평론가의 글 〈문어체의 진심〉이 참 좋아서 시작되었다고 했다. 책을 다시 폈다.

'손편지라는 것은 왜 별 내용이 없어도 이렇게 마음을 움직이는 것일까. 편지는 문어체의 공간입니다. 가족에게 보내는 다섯 줄짜리 편지라 해도 일단 편지의 세계로 들어가면 그이의 말투는 으레 그래야 한다는 듯이 달라집니다. 그런데 이것이 단지 양식의 문제만은 아니라고 생각해요. 그 문어체의 공간 안에서만 비로소, 구어체로는 담을 수 없는, 그 자신도 몰랐던 진심이 발굴되고 심지어 생산되는 일이 일어나는 것이라면 말입니다. 문어체만의 특별한 힘이라고 할까요.' 《슬픔을 공부하는 슬픔》 신형철, 한겨레출판

나도 문어체의 진심을 전하고 싶어졌다. 그리고 돌아서니 블로그 글 하나에 긴 댓글이 비공개로 달려 있다. 개인 사정으로

만나지 못하는 책 모임 멤버 한 사람의 안부 인사다. 너무도 공감되어 마음을 전하지 않으면 후회할 것 같아 글을 남긴다는 그분과 나는 그 댓글 하나로 블로그 이웃이 되고 글 친구까지 되어버렸다.

내내 투덜대는 중이었다. 나 좀 봐달라고. 나 힘들었다고. 내 경우 그런 마음은 옳은 말의 옷을 입고 단추를 끝까지 잠그고 깃까지 세운 채 전투태세를 갖추게 한다. 그런데 등 토닥임도 손 내밂도 아닌 와락 안아줘버린 문어체의 진심들. 누군가의 마음 씀, 애틋함을 이길 순 없는 것이다. 깃을 내리고 단추를 풀고 나는 자리에 앉는다. 딸과 매일 한 통씩 주고받는 편지도 어쩌면 문어체의 진심이었겠구나. 그래서 더 좋았던 거구나. 어느새 나는 딸에게 행복하다고 쓰고 있었다. 삶의 줄거리가 아닌 행간을 읽고 쓰고 싶다. 딸은 과연 내년에 대학에 갈 수 있을까. 나는 나를 돌보는 감각을 찾을 수 있을까. 그것이 줄거리라면 행간은 오늘일까.

신형철 평론가의 글은 이렇게 끝난다.

한국어가 서툴렀던 이성자 화가가 쓴 편지의 따뜻한 인사를 되돌려드립니다.
봄이 곧 문을 두들길야고 합니다. 이걸만 하여도 희망에 늑칩니다.

너무 좋아서 다시 옮겨본다. 화가 났던 내 삶의 한 줄 행간을 읽는다. 봄이 문을 두드리는 것만으로도 희망에 넘친다는 것. 그러면 좋겠다. 곧 봄이 문을 두드리려고 하니까. 나는 내일 나의 소녀를 데리러 가니까.

만남과 이별 그리고 시작과 끝

새벽 일곱 시, 기숙학원이 보인다. 해가 안 떠 캄캄하다. 다섯 시 반 조금 넘어 출발했는데 십 분 정도 정체된 것 빼곤 잘 도착했다. 설 연휴가 시작된 금요일이었다. 한 달 만에 휴대폰으로 메시지를 보낸다. 그동안 보낼 일이 없으니 메시지가 아래로 아래로 밀려 딸의 이름으로 검색해야 했다.

근처에 도착해 있으니 폰 받으면 연락하자.

휴대폰에 뜨는 이름이 이렇게 반가울 수가, 금세 전화가 온다. '엄마!' 목소리도 꼭 한 달 만이다. 글자들로도 충분히 온기를 느낄 수 있다고 생각했는데 목소리는 다르다. 시간 되면 나오라고 하는 용건이 끝인데 딸은 끊기가 싫은가 보다. 고등학교 1학년 때 한 학기 머물렀던 기숙사에서 처음 나오는 주말에도 그랬을 거다. 삼 년 전이라고 그새 잊었다. 우린 분명 중요하지도 않은 이야기, 며칠 지나면 잊어버려지는 이야기를 했다. 전화를 끊으면 다시 못 만날 것처럼 오십 분을 통화하며 나오는 시간이 되기를 기다렸다. 메시지에 다 담지 못했던 이야기들이 마침표 없이 줄줄줄 나온다. 그리고 통화 끝에 8시 25분, 배낭을 메고 큰 빨래망에 한가득 빨래를 담은 딸이 유리문을 밀고 나온다.

4박 5일의 기숙학원 첫 휴가가 시작된 날이었다.

학원 정기 휴가는 한 달에 한 번 3박 4일이라고 했다. 그런데 이번 휴가 끝에 고등학교 졸업식이 있어 하루를 연장할 수 있었다. 늘어난 그 하루가 얼마나 마음의 여유를 주던지. 딸도 나도 하고 싶은 일을 다 할 수 있을 것 같았다. 정해진 날이 얼마나 금방 오는지 잊고서. 날은 이미 밝았고 이천에서 서울 오는 길 우리는 시내에서 보지 못하는 서울우유 탱크로리, 황량한 들판, 낮은 산의 능선 같은 걸 보면서 집에 왔다. 나는 다섯 시간 만에, 딸은 한 달 만에. 이렇게 만나고 헤어지는 일을 여덟 번만 하면 시험 치는 날 온다고 큰소리 쳤는데 지금 보니 여덟 번이나, 였다. 추웠다 더웠다 하면 감기 들기 딱인데 마음의 감기가 올까 걱정이다.

고3 때는 설과 추석을 어떻게 보냈는지도 모르겠다. 올해는 우리 집에서 떡국을 먹기로 했다. 연희동 떡집이 맛있다고 해서 사 오고 싶었는데 여력이 안 됐다. 동네에서 떡을 사고 대신 고기는 제일 비싸고 좋은 소고기로 넉넉하게 샀다. 큼직하게 넣고 싶었는데 썰어달라고 부탁했더니 고기가 잘다. 딸은 좋다고 했지만 솜씨 좋은 올케가 끓인 소고기미역국처럼 푸짐하게 끓여내고 싶었다. 내 마음이 그랬다. 사람 노릇 좀 하며 살고 싶었달까. 고3 엄마라 힘들기도 했지만 면제도 많이 받았다. 주말을 주말답게, 방학을 방학답게, 연휴를 연휴답게, 고등학생은 언감생심이다. 거기에 엄마는 세트로 딸려 있고 말이다. 딸이 대학생이 되고 나는 해방되어 쉬어볼까 했는데 알고 보니 기숙학원 재수생도 휴가 기간은 쉴 수 있다. 에라 모르겠다, 이번 휴가에는 책 한 권 아니 글자 한 자 읽지 않고 놀겠다고 결심해 보았다. 그렇게 설 준비하고 설날 당일까지 이틀이 지나갔다. 느긋하게 온 가족 모여 커피 내리고 케이크 먹고 과일 먹고 집안이 향기로웠다.

딸의 첫 휴가 쇼핑에 함께 나섰다. 일주일에 이틀은 운동해야겠다고 하더니 새 운동복이 필요했고 오래된 슬리퍼가 드디어 찢어져 크록스를 사겠다고 했다. 기숙학원에서는 가까운 건물과 건물 사이를 오갈 일이 많아 운동화는 필요 없고 앞이 트여 있는 슬리퍼보다는 크록스가 제격이라고 했다. 한마디로 재수용 신발인가 보다. 신중을 기해 키티 얼굴과 하트 지비츠까지 골랐다. 희한하게 유행하면 더 예뻐 보인다. 여자 둘 오붓한 쇼핑은 점심에 시작해 저녁에 끝났다. 아울렛 간 김에 사고 싶다던 흰색 배낭도 사주었다. 졸업 선물이라고 했더니 '씨익' 웃는다. 제발 대학생이 되어 메라, 주문도 넣어주었다. 연휴라 사람은 미어터졌지만 약간 신이 났다. 외향형 딸은 지치지 않았고 내향형 엄마는 지쳤지만 딸의 '씨익'은 에너지원이 되어준다.

*

졸업식이 2월 13일인데 12일까지 연휴라 꽃집이 열지 않을까 걱정됐다. 누워 뒹굴거리며 검색을 하는데 대체공휴일부터는 영업을 하는 가게들이 있다. 졸업식에 가는 마음이 기쁘기만 한 건 아니었다. 그래도 마음을 고쳐먹었다. 삶은 모든 과정을 잘 통과하는 일이다. 통과할 때마다 의례는 또 얼마나 중요한지 내 삶이라는 작은 경험과 책이라는 넓은 경험으로 배웠다. 아이가 마음에 들어 하는 튤립을 교복과 잘 어울리는 컬러로 주문하고 커다란 꽃다발을 보니 어찌나 마음이 좋던지 종종 꽃을 사야겠구나 싶었다. 꽃 사는 기쁨조차 잊고 살았다는 것도 잊었다. 고등학교 3년이라는 시간이 그랬다.

딸이 고3이었던 해 입시가 유난히 어려웠다. 수시 지원까지 가기도 힘든데 수시 합격의 좁은 문을 통과한 친구 수도 아주 적었다. 나는 아이가 진학할 때마다 꿈을 꿨다. 이번에도 두세 번 꿨다. 잘생기고 예쁜 키위를 들고 딸이 자랑을 하기에 두 학교는 붙겠구나 했는데 웬걸, 여신 포르투나는 대체 무엇을 하셨나. 그래도 삼 년을 수고 많았다. 꽉꽉 채워 수고했다. 어려웠던 입시에서 끝내 살아남은 친구들 합격 소식에도 흔들리지 않던 딸은 유학반에서 미국 대학교 입시를 준비한 절친의 합격 소식에 잠깐 표정이 달라졌다. 중학교 동창인 두 아이는 과거 두 외고를 놓고 각자 학교를 선택했다. 나는 일하는 엄마라 셔틀 없는 학교는 상상하기 어려웠고 근처로 이사하는 것도 쉬운 일이 아니라고 판단했는데 딸을 보고 후회하는 마음이 들었다. 그런데 아이가 말해주었다. 엄마, 우리는 그때 할 수 있는 최선의 선택을 했어. 그러니 후회는 없어. 그리고 부러울 땐 부럽다고 말하는 게 또 최선이더라고. 둘은 휴가 중 하루를 내어 만나더니 서로의 고민을 털어놓았다. 유학을 떠나는 아이는 아이대로 자신이 잘 적응할까, 영어를 모국어로 쓰는 사람들 사이에서 잘 해낼 수 있을까, 걱정과 고민이 있었다. 딸은 친구를 만나고 와서 역시나 솔직히 이야기하니 마음이 풀렸다고 했다. 모두 참 멋있다. 피맥을 했는데 피자가 생각보다 양이 많았다고 포장해 덜렁덜렁 들고 왔다. 삼각형 노란 박스가 예쁘기도 했고 그냥 아이 마음이 좋아서 빈 상자를 식탁에 두었다.

졸업식 날이다. 그리고 기숙학원으로 돌아가야 하는 날이다.

교복 입는 마지막 날이라고, 학교에도 마지막으로 가는 날이라고 우리는 말했다. 그날이 왔다. 고달팠지만 찬란했던 십대, 딸의 친구가 했다던 말이 한동안 마음에 박혔다. 그래, 이제 너희는 이제 고달팠지만 찬란했던 십대를 보낸다. 젊음은 어째서 그리 짧고, 짧은 것들은 어찌 그리도 아름다운가. 식은 간소했고 열 반 아이들이 각각 만든 영상과 교가를 끝으로 교실을 나섰다. 휑한 교실과 깨끗이 닦인 초록 칠판, 아이의 주황 넥타이 컬러에 맞춘 주황 튤립, 눈에 새기고 싶은 그림인 양 사진을 남겼다. 사물함 위에 덩그마니 놓인 코끼리 쿠션 하나를 오래 바라보았다. 급훈이 쓰인 액자 같은 것 이제 다시 볼 일이 없구나. 밖으로 나오니 바람이 불었다. 아이의 긴 머리가 날렸다. 분명 봄기운이 느껴지는, 봄바람이었다.

고속도로를 오가야 하므로 낮 시간에 움직이기로 했다. 기숙학원 추리닝으로 갈아입으며 아무렇지 않았던 아이가, 삼십 분 알람을 맞추고 잠깐 차에서 자던 아이가 아, 하루만 더 있고 싶다, 블로그에 휴가 이야기도 쓰고 나와서 찍은 사진도 정리하고 음악도 듣고 싶다 한다. 그러면 정말 좋겠다, 나는 마음으로 대답했다. 내년엔 그럴 수 있겠지. 내가 찍은 졸업 사진만 백 장이다. 아이의 인스타 스토리에 올려진 사진을 본다. 찬란하다. 품에 안은 꽃같이 예쁘다. 고달팠지만 찬란했던 십대, 나의 지난 이십 년, 드디어 보낸다. 새봄이 올 것이다.

이야기가 소중한 사람

글은 잘 쓰는 사람이 아니라 이야기가 있는 사람이 쓴다는 말이 있다. 소설가처럼 쓸 수 있다면 좋겠지만, 하고 싶은 말을 표현할 정도로 배우고 익히는 건 누구나 가능하다. 쓰면서 실력은 늘고 간절하면 일정 수준을 넘어서기 시작한다. 그런데 쓰고 싶다고 하면서 왜 안 쓰고 못 쓸까 생각해 보면, 이야기가 없기 때문이다. 나는 여기에 하나 더 보태고 싶다. 이야기를 소중히 여기면 쓴다. 너무나 소중하니까 쓴다. 젊은 날 내겐 아무것도 없었다. 마이너스라고 할 만큼 초라했다. 나는 나를 만들고 지켜야했는데 그것이 이야기의 시작이었다. 작고 사소한 이야기를 모아 지금의 내가 되었다. 나를 이해하게 되었다. 글을 통해서였고 그러므로 어느 날의 글들은 나를 구원했다.

병원에 가야 할 날이 왔다. 더 미룰 수 없을 정도로 증상이 있다. 일상생활에 지장이 있었으면 더 빨리 갔을까. 그랬을 수도, 아닐 수도 있다. 일정에 몸을 맞추는 삶이 일단락됐다. 졸업식이 끝나고 나의 어여쁜 소녀는 기숙학원으로 돌아갔다. 나는 병원에 갔다. 산부인과 병원은 언제나 껄끄러운 곳이다.

접수 번호를 뽑는다. 어쩌면 예약만 하고 갈 수도 있다고 생각하니 조금 마음이 편해졌다. 접수처에 며칠 전 추천받은 선생님 세 분 이름을 주르르 댄다. 두 번째 선생님 진료 당첨이다. 예진실에서 간단한 문항에 답변을 한다. 오십을 넘기니 아직도 생리를 하는가 질문을 받는다. 초경 나이, 출산한 아이 수, 유산 경험, 피임약 복용 기간도 있다. 모유 수유 기간도 있었네. 이 질문지는 여성 삶의 기록이 된다. 병원에서 나는, 이름 아래 나열된 이 기록으로 판단될 것이다. 오랜만에 느껴보는 기분이었다.

8번 방 앞에 서류를 꽂고 기다린다. 이름을 부른다.

의사 앞에서 다시 한번 말한다.
아랫배에 만져지는 것이 있어요.
자궁경부암 검사와 초음파가 함께 이루어진다.

혹입니다. 혹입니다, 앞에 '다'라는 말이 있었다. 못 들은 척하
고 싶었다. 당장 급하게 무슨 일이 생기지는 않을 거라고 했지
만, 부정할 수 없는 사실은 뱃속에 10센티 이상의 혹이 있고 큰
병원에 가서 CT나 MRI를 찍어야 한다는 것이었다.

돌아오는 길에 친구가 전화를 걸어 꼬치꼬치 물었다. 혹이 어
디에 있대? 몰라. 의사가 뭐라고 말했어? 별말 안 했어. 친구
에게 하여튼, 너는… 하는 걱정 섞인 잔소리를 들으며 집에
도착했다. 최악의 상황, 자궁 적출이겠지. 그런데 문득 그게
정말 최악일까. 어떤 시기가 그렇게 느껴질 수는 있어도 지나
고 보면 또 다른 게 보이지 않았나. 그때에도 여전히 최악이
어야 진짜 최악일 텐데. 그래서 함부로 최악이라고 말하지 않
기로 했다.

[Web 발신]

〈산부인과 ***선생님 진료실〉

2/19일부터 검사 및 진료의 원활한 진행이 어려워졌습니다. 외래 진료 시 상당한 진료 지연이 예상되며 처치 및 수술, 입원도 불가할 것 같습니다. 급작스럽게 연락드려 죄송합니다. 이점 양지하시어 꼭 내원하실 분 외에는 한 달 이후로 변경 부탁드립니다. 다시 한번 불편을 드려 죄송합니다.

의료계 파업 뉴스는 계속 보고 있었다. 검사를 받지 못하거나 수술 날짜 잡기가 어려울 수 있겠다는 생각도 했다. 그러던 차 진료 이틀 전 메시지를 받았다. 내가 할 수 있는 일은 없었다. 삼십 분쯤 일찍 병원에 도착했다. 모든 게 참 좋아진다. 카드만 대면 환자 도착을 알리고 혈압, 키와 몸무게가 척척 전송된다. 접수처에서 대기한다. 기다리는 시간, 책 한 권만 있으면 충분하다. 어이없게 들릴지도 모르겠지만, 진짜 책 한 권을 들고 갔다. 그리고 그 책은 이렇게 시작된다.

'예닐곱 살 무렵에 나는 유괴당했다. 그때 일은 잘 기억나지 않는데, 너무 어렸던 데다가 그 후에 살아온 모든 나날이 그 기억을 지워버렸기 때문이다. 그 일은 차라리 꿈이랄까, 아득하면서도 끔찍한 악몽처럼 밤마다 되살아나고 때로는 낮에도 나를 괴롭힌다. 햇살에 눈이 부시고 먼지가 날리는 텅 빈 거리, 푸른 하늘, 검은 새의 고통스런 울음소리, 그때 갑자기 한 남자의 손이 나를 잡아 커다란 자루 속에 던져 넣고, 나는 숨이 막혀 버둥거린다. 나를 산 사람은 랄라 아스마이다.' 《황금 물고기》 J.M.G. 르 클레지오, 문학동네

아, 이러니 내가 어떻게 최악을 논해. 나는 주인공 라일라의 삶 속으로 곧장 들어갈 것이다.

생각보다 병원은 한산했고 구역이 잘 나뉘어 있었으며 사람과 기계가 호흡을 맞춰 잘도 돌아가고 있었다. 힘들어 어쩌나 싶을 정도로 배가 부른 임신부, 비니를 썼는데 밖으로 삐져나온 머리가 짧은 분, 그리고 나처럼 아무 티도 나지 않아 환자인지 보호자인지 모르겠는 근종을 가진 여자, 여기는 산부인과다. 동시에 흉부외과 코드블루를 알리는 방송이 나오는 종합병원이고. 순간 철렁했는데 잠시 후 코드블루 종료를 알렸다. 무슨 의미일까 생각하다 잠깐 아득해진다.

병원 밖으로 나오니 눈이 폴폴 내린다. 자고로 눈이라는 건 그냥 맞아야 하는데 바닥이 질척인다. 비로 바뀌기 전까진 우산을 쓰지 않기로 한다. 까만 패딩에 작고 귀여운 것들이 쉴 새 없이 떨어지는 걸 보며 걸었다. 삼십 년 전에도 나는 여기 신촌에 맨날 있었지. 나의 연애사가 시작된 곳, 골목까지 훤히 알

지. 그사이 버스 번호는 바뀌었지만 정류장도 속속 알지. 인생 잘 통과하자고 마음먹으니 살아만 있으면 된다는 정혜신 의사 선생님 말씀이 떠오른다. 살아 있는 것이 위대하기 때문이라고 나는 책에서 배웠다. 살아 있는 것을 줄이면 삶이다. 내 삶만 살았다면 몰랐을 이야기들이었고 사는 일이 대단하다고 이야기들이 알려주었다. 유괴당한 주인공 라일라가 어떻게 살았는지 나는 안다. 그 삶을 다시 읽는다. 놓친 것이 있는지 세세하게 살피기로 한다. 내 삶이 어떻게 될지 그건 모른다. 그래서 할 수 있는 일, 사는 일을 해보기로 한다. 오랜만에 백화점에 들러 맛있는 걸 사 가야지. 앞으로 병원 오는 날엔 그러기로 한다. 아침에 못 마신 커피 생각이 간절한 나는 살아 있다. 삶이 있네.

겨울을 보내며:
첫사랑은 걸어서 왔다 2017. 6. 27.

작년, 그것은 비보였다. 대학 동창의 남편이 사고를 당했다. 조수석에 탄 이는 살았는데 운전대 잡았던 그는 목숨을 건지지 못했다. 친구에겐 내 딸과 동갑인 아들, 그 아래로 한 아이가 더 있었다 했는데. 한동안 동창 생각을 계속했다. 그 친구가 이어준 사람이 첫사랑 박군이었고 말 그대로 하루걸러 술을 펐던 이십 대에 그녀, 박군 그리고 내가 있었다. 마음이 자꾸 과거를 불러냈다. 이십 년 지나 누군가 당할 일을 그때 우린 몰랐구나. 몰랐으니 살았구나. 살았는데 당했구나. 운명이 슬펐다.

"야아, 니 물건이 우리 집에 한 박스 있다."

친정엄마가 따뜻한 봄날 전화를 했다. 강아지 그림이 그려진 박스, 뭔지 대번에 알아들었다. 결혼하고 가져오지 못했다. 않았나. 아무도 없는 대낮 뚜껑을 열었다. 나는 박군과 걸었던 시간을 만났다.

범생이로 사춘기에 말썽 한번 안 부리고 팔다리 한번 안 부러지고 학교에서 야단 한번 들은 적 없이 졸업과 입학을 했다. 스무 살까지 나는 내성적이고 소심하고 그냥 가만있기를 좋아하는 사람인 줄 알았다. 꽤 긴 기간 밤이면 이복 삼촌에게 성추행 당했던 어린 그림자가 있었고, 발표를 시키면 쿵쾅대는 심장 소리에 말하는 게 힘들었던 유약한 그림자가 있었고, 두꺼운 동글뱅이 안경 때문에 자신 없어 했던 소녀의 그림자가 있었는데. 나는 얼어있었다. 나는 내 그림자마저 연민했다. 그런 내가 술을 알았다. 그와 함께.

대학 입학 후 두 번째 미팅에서 만난 박군과 나는 동갑내기였다. 단둘이 만나는 일은 거의 없었고 진주에서 서울로 대학 온 그 애의 친구들과 함께였다. 사람이 편하지 않은 나였지만 상황이 편했다. 친구라는 기본 설정이 그랬고 93년의 우린 술 좀 마셔도 되는 대학 1학년이었다. 박군은 175쯤 되는 키에 입이 조금 크고 툭 불거진 여드름 몇 개는 있었으나 얼굴도 성격도 평범하고 순했다. 머리 안 감으면 모자, 머리 감았어도 모자. 청바지에 폴로티 한 장 입고 뒷주머니 지갑이면 외출 완료다. 피부 한 겹 아래 촘촘히 가시가 있을 것 같은 나와 달리 '됐다!' 하는 사투리까지 정겨웠다. 나는 그 모임에서 박군의 여친이자 일원이 되어갔다.

박군 그리고 친구들과 떼로 시작하는 술자리는 참으로 흥겨 웠다. 내 주사는 웃기, 울기, 걷기. 그 사이 어디쯤 정리. 휘문동 호프집에 삼천, 오천짜리 피처가 놓이고 우린 술을 털어 넣었다. 기억에 전혀 부담을 주지 않는 비본질의 수다는 삶을 가볍게, 한 잔 한 잔 차곡차곡 들어가는 술은 삶에 기운을 주는 것 같았다. 웃음이 잔 따라 한 바퀴 돌면 나는 살아 움직이기 시작했다. 그러다 술이 더 들어가면 조용해졌다. 스스로를 향한 질문 속에 가만히 갇힐 때 테이블 위 물건이 눈에 들어온다. 슬며시 정리를 했다. 김치찌개를 중심으로 좌우 안주 정렬, 각 사람의 우측에 물컵이 가도록 정렬, 흐트러진 수저 위치도 다시 잡아주고 앞접시는 중앙에 가게, 냅킨통은 한구석에. 친구들은 그랬다. 'J 취했다. 또 정리한다.' 멈춰야 하는데 급하게 마신 술이 나를 털어 넣는다. 밤 열두 시가 되면 거리로 나선다.

나의 박군과 참 많이 걸었다. 같이 걸었다기보다 일방적으로 내가 걷고 그가 쫓아왔다. 걷기 시작할 땐 이미 취한 후라 차도와 인도의 구분이 없었기 때문이다. 술만 먹으면 왜 그렇게 걷고 싶었을까. 왜 사는 걸까. 어떻게 살아야 하는 걸까. 질문에 답할 수는 없어도 눈앞의 물건은 정리할 수 있듯 인생의 향방을 몰라도 발걸음은 옮길 수 있어서였을까. 박군은 술 취한 여자가 불안불안했겠지만 나는 그때만큼 불안하지 않은 적이 없었다. 경상도 그 애는 뭘 캐묻는 법이 없었다. 집에 다다르고 술이 어느 정도 깨어 7센티 힐 신고 미니스커트 입고 대학파일 끼고 잘도 걸어가는 등 뒤에 박군이 늘 머물렀다. 기억을 놓쳐 안타까워 죽겠는데 우리의 첫 키스도 그 거리에서였다. 사랑한다 말하지 않았다. 말하지는 않았어도 내게 사랑은 흔들리는 나를 가만히 안아주는 실체였다. 나는 딱 어린아이였는데 자주 손잡고 자주 안고 15센티 키 차이의 박군 가슴과 어깨 어디께 냄새를 맡으며 무럭무럭 자랐다. 그리고 사 년 뒤 새로운 사랑을 맞아 이별을 고했다.

'영원히 사랑한다. 니 꿈을 꾸고 일어나는 아침이면 정말 기분이 좋다. 내 꿈 많이 꿔라. 혹시 아니 꿈에서 서로 만날지.'
'항상 보고 싶고 항상 니 생각한다. 자주 연락은 못 하지만 니가 나 생각하는 것보다 더 니 생각한다. 보고 싶다.'

연애편지 속 박군은 늘 고백하고 있었다. '편지 안 할 거 알지만. 그냥 가르쳐준다. 나쁜 놈아.' 이십 년 전에도 글자들이 이렇게 서걱이게 읽혔나. 군대 가고 연수 다녀오고 유학을 가도 이어졌던 편지가 1997년 소인을 마지막으로 끊겼다. 속내를 드러내지 않으니 믿음직한 연인은 아니었을 텐데. 내가 뭘 잘해줬다는 거고 그는 왜 그토록 날 지켜주고 싶어 했나. 그는 보이는데 나는 보이지 않는다. 5월에 편지함을 열어 6월 말이 되도록 정리하지 못했다. 침대 아래 박스는 곱게 닫혀 있다. 낄낄대며 시작해 몇 날 며칠을 가슴앓이했다. 세상에 없는 사람처럼 연락이 끊길 수 있구나. 친구 남편의 사고가 떠오르고 박군이 떠오르고 휘청였던 스무 살이 떠오르고 서럽게 박군이 보고 싶다. 문득! 아, 내가 편지 한 통을 버렸지. 마지막으로 받은 편지였다. '이제 너를 보낸다.' 사라진 편지의 일곱 글자 또렷이 박힌다. 박군아, 사랑받은 줄 몰랐는데 사랑받았구나. 답이 늦었네. 사랑했다. 첫사랑.

2부

봄

당신에게 친구가 있다면

친구 C는 강남에 산다. 또 다른 친구 Y는 이웃 동네 주민이다. C가 강을 건너 우리 동네로 오는 일은 극히 드물고, Y는 운전을 하지 않아 나와는 중간 어디쯤에서 접선하여 먼 동네로 커피를 마시러 간다. 우리 셋이 만날 땐 보통 압구정으로 진출(!)했다. 백화점 1층이 주 약속 장소였는데 Y와 나는 그 참에 새로 나온 거 구경해야 한다고 그랬던 옛날이 있었다. 요즘은 주로 C의 직장 근처 한남에서 만난다.

C가 언젠가부터 머리할 곳이 마땅치 않다고 했다. 내가 다니는 곳으로 한번 오겠다고 했는데 이번 주 화요일 미용실 간다고 단톡에 메시지를 보냈다. 그렇게 C가 왔고 Y는 머리도 안 하는데 놀러 왔다. C가 머리 자르고 샴푸하고 드라이하는 동안 Y와 나는 소파에 앉아 수다를 떨었다. 서로 사진을 보여주며 근황 얘기를 했을 거다. 기다리는 손님에게 민폐가 될지 걱

정하지 않았으며 어제 만나고 오늘 또 만난 듯 이야기가 이어지는 사이 C의 머리가 금세 끝났다.

딸이 기숙학원에 들어가고 두 가지 결심을 했다. 몸과 마음을 잘 돌볼 것, 친구를 만나 자주 놀 것. 이 결심은 대학에 갔어도 유효했겠지만 오히려 좋은 건 저녁이 완전히 자유로워졌다는 것이다. 우리는 근처 이자카야로 갔다. 우리의 안주발 역사는 스무 살 적으로부터 시작되었으니… 그날도 저녁 겸해서 1인 1메뉴, 안주 세 가지를 시켰다. 첫 안주가 숙성회였으므로 주종은 사케. 대화 주제는 자연스레 내 근종 이야기로 흘러갔다. C와 Y는 이미 차례로 수술을 했다. 생일이 가장 늦은 나는 다음은 나냐고 무슨 수술을 그렇게들 하느냐고 했다. 시간이 꽤 흘렀는데도 병원 풍경이 아스라이 떠오른다. 그곳에서도 우리는 오래 함께 앉아 있었다. 병문안 온 손님이 아니라 스무 살 때처럼 수다를 떨다 왔다. 힘든 순간을 힘들지 않게 만들어주는 힘이었다. 내가 수술을 하게 된다면 더 분명히 알게 될 것이다.

안주 접시가 싹 비워졌다. 네 번째 안주에 맞춰 오키나와 생맥주를 시켰다. 아무래도 대학병원은 부담스럽다고 투덜대는 내게 C는 검사 결과도 모르면서 말이 많다며 슬금슬금 뭔가를 꺼낸다. 친구는 보석감정사 자격증도 있고 보석 디자인을 하기도 해서 자주 액세서리를 선물한다. 그날 Y는 팔찌를, 나는 목걸이를 받았는데 우리는 받은 즉시 찬다. 기가 막히게 마음에 들고 사이즈는 잰 듯 꼭 맞다. 자리를 정리하며 이자카야 밥값은 내가 내겠다고 우겼다. 삼십 년 전부터 더치페이를 했던 우리는 누가 산다는 게 참 어색했는데 나는 꼭 밥을 사고 싶었다. 올해, 특히, 많이. 그건 어쩌면 삼십 년 나를 키워준 친구들을 향한 뒤늦은 애정 고백이었다. 대학 시절 춘천 어디였을 엠티 장소에서 가장 먼저 취해버린 나를 화장실 앞에서 기다리던 이는 C였고, 앞을 보고 달리는 차 안에서 오가는 길 두 시간씩 이야기할 수 있는 사람은 Y였다. 친구와 한 곳을 보며 함께 간다는 기쁨을 알았다. 얼굴 보고 이야기하지 않을 때 어느 때보다 진솔한 이야기를 할 수 있다는 것도 알았다. 함께 달린 거리가 수천 킬로는 되겠지? 내게 지난 삼십 년이라는 시간이 무엇이었나 알려면 우리를 보면 되었다.

남은 사케는 나더러 가져가라니 가방에 넣는다. 배가 불러 십 분쯤 걷다 커피 마실까 했는데 Y가 곧 카페 닫을 시간이라는 걸 알려준다. 그렇다면 맥주 한잔 더 하자, C가 말한다. 우리는 감자튀김과 빠삭태를 시켰다. 영롱한 빛을 내는 맥주가 등장하고 이야기는 밤을 좇아 깊어져 간다. Y와 나는 둘 다 딸이 있는데 21세기 사람인 그들은 우리와는 다르게 살 거라고 입을 모은다. 나는 나를 힘들게 한 부모가 무거워서 거리를 두고 그리워하는 것이 차라리 좋은 답이 되었다고, 어디서 쉽게는 할 수 없는 말들을 했다. 내가 책임질 일이 아니었는데 책임이 져졌고 부모를 미워한 일이 다시 죄책감으로 돌아오는 게 힘들었다고 하니 Y가 말한다. 그러게, 너는 아무리 힘들어도 기대질 않더라. 맞다, 가능하면 기대고 싶지 않았다. 그리고 친구의 '너는… 그러더라'는 나를 그저 있는 그대로 보아주는 말이었다. 내가 나를 지켜보지 못하는 순간에도 친구들이 계속 지켜보고 있었다. 친구의 말과 더불어 책을 펴면 이런 말들이 들어왔다.

'나는 여러모로 결핍이 큰 사람이었고, 어려서부터 삶이라는 것을 어쩔 수 없이 치러야 할 벌처럼 느낀 적이 많았다. 그렇지 않은 척 스스로를 포장할 때조차 그랬다. 그런 내가 나의 결핍에 감사하고 그걸 받아들이는 데까지 쉽게 점프하여 갈 수 없다는 것도 이제는 안다. 삶은 언제나 현재진행형이고 나는 그 누구도 대신 해결해 줄 수 없는 문제를 풀면서 한 걸음 한 걸음씩 나아갈 뿐이다. 나의 결핍을 안고서 그것을 너무 미워하지도, 너무 가여워하지도 않고 그저 하루하루를 살아가는 것. 슬프면 슬프다는 것을 알고 화가 나면 화가 난다는 것을 알고 사랑하면 사랑한다는 것을 알면서 나를 계속 지켜보는 일. 나는 지금 그런 일을 하는 중인 것 같다.' 《아주 희미한 빛으로도》 최은영, 문학동네 너무 미워하지도 너무 가여워하지도 않고 그저 하루하루 살아가는 것. 슬프면 슬프다는 것을 알고 화가 나면 화가 난다는 것을 알고 사랑하면 사랑한다는 것을 알면서 나를 계속 지켜보는 일. 내가 하고 싶은 일이 이것이로구나. 마음으로 밑줄을 그었다. 완전히 새길 수 있다는 듯이 진하게 그었다.

택시 타고 가라고 했더니 C는 택시비를 확인해 보곤 지하철을 타겠다고 한다. Y는 버스도 있는데 둘은 올 때도, 갈 때도 지하철로 함께다. 이제 우리에게 미성년 자녀가 없어서 그동안 모은 여행비 털 날을 기다린다. 호화 여행도 가능하다고 큰소리쳤는데 나는 교토에 가고 싶다. 이다혜 기자의 책《교토의 밤 산책자》사진을 찍어 올린다. '얘들아, 나는 교토에 가고 싶다?' 했더니 '조아조아', '여행사 말구 우리끼리' 하는 기대했던 답이 돌아온다. 올해는 엄마가 나를 키운 햇수와 친구들이 나를 키운 햇수가 꼭 같아진 해다. 가부장적인 아버지와 여러 질환으로 고생한 어머니를 늘 걱정해야 했던 C, 아버지가 일찍 돌아가신 Y, 강한 두 부모 사이에서 눌려버린 나는 서른 해 서로를 지켜보고 키웠다. 그래서 나는 딸에게 엄마보다 훨씬, 훨씬 더 좋은 친구를 꼭 만나라고, 네게도 그런 행운이 따르면 좋겠다고 말해준다.

일하는 사람

화요일 나는 머리를 싸매고 앉았다. 거실 넓은 테이블 위에 책이 적어도 열다섯 권 이상 쌓여 있고 A4 용지에 적은 메모는 앞뒤로 빽빽하게 차 있는 상태다. 머리를 높이높이 질끈 묶었다. 자, 이제 결전의 순간, 최후의 순간이다. 책 모임에서 읽을 책을 정해야 하는 때가 왔다.

3월 초는 분주하다. 몸이 분주한 것보다 마음이 분주하다. 아이가 학교까지 다니고 있었다면 더 그랬을 텐데 지금 딸은 내 곁에 없다. 6년간 오전 다섯 시 반에 울렸던 알람만 흔적으로 남았다. 그 흔적은 울리지 않도록 꺼진 회색이었다가 삭제되어 마음에만 남았다. 3월 2일은 글쓰기 교실 토요반 개강일이었다. 오전 두 반, 오후 두 반 해서 총 네 반 수업을 한다. 아이들은 56명인데 봄학기에 새로 만나는 친구는 일곱 명뿐이니 나머지는 구면이다. 글쓰기 수업은 방학 같은 것도 없어서 지난주까지 겨울학기, 이번 주는 봄학기 보통 그렇게 이어진다. 그래도 새롭게 안녕? 하는 마음이다. 그 마음으로 분주한 것일까.

토요 수업은 초등학교 3학년부터 들을 수 있고 첫 2년은 기초반, 그다음 2년은 심화반에 모여 글을 쓴다. 기초반이니 심화반이니 하는 말은 어른들 편의상 붙인 이름이고 우린 모여 글을 쓰는 것이다. 자유학년제가 생긴 때부터 시험 없는 중학교 1학년까지 계속 다닐 수 있도록 했더니 이 녀석들이 중2가 되어도, 중3이 되어도 그만두질 않는다. 그래서 봄 수업엔 중3이 되는 아이까지 포함되어 있다. 얘들아, 자유학년제 없어져서 이제 중1도 시험 본다고!

거의 그랬다. 고등학교에 입학하는 겨울이 되어서야 우리는 서로의 손을 붙잡고 아쉽게 헤어지는 것이다. 공부 열심히 하고 대학 가서 만나자. 함께 글 쓰고 이야기 나눈다는 것이 뭘까 생각하게 한다. 시간이 허락한다면 책도 읽으면 좋을 텐데 우리나라 청소년에게 프린트 읽을 시간은 주어져도 책 읽을 시간은 주어지지 않는다. 그래서 우리 교실은 프린트물로라도 만들어 악착같이 이야기를 읽고 읽고 또 읽는다.

3월 6일 수요일은 '살아갈 날들을 위한 읽고 쓰기' 책 모임 개강일이었다. 내가 화요일 오전 머리를 질끈 묶은 건 그래서다.

열여덟 명이 함께 모여 한 계절 보낼 책이 결정되는 날. 내 손 끝에서 쳐진 문서가 출력되는 날. 그 일이 몹시 즐겁다. 어려운데 즐거운 그런 마음은 무슨 마음이란 말인가. 박연준 시인이 2년 동안 창비 팟캐스트 〈김사인의 시시(詩詩)한 다방〉 작가로 일하며 힘들고 재미있었다고 한 말을 나는 온몸으로 이해할 것만 같다. 그러니까 좋아서. 내가 좋아하는 것이니 잘하고 싶어서였을 것이다. 봄에 읽을 책 세 권은 각각 유명한 작가, 매력적인 작가, 공부할 작가 세 사람이다. 모두 세상을 떠나 더는 만날 수 없는 작가들을 작품으로 만난다. 20세기에 태어나 21세기를 살고 있는 내가 19세기와 20세기를 오가고 서울에 사는 내가 영국과 콜롬비아를 오간다. 매주 나눠 읽을 책 한 권 더하여 네 권을 정해 놓으니 마음이 가득 차 부자가 된 느낌이다. 상상한다. 천천히 읽노라면 벚꽃이 필 것이다. 봄비가 오는 날도 있을 것이다. 천지가 초록초록해질 것이다. 그 초록은 물감이 흉내낼 수 없는 아주 고운 연초록에서 시작할 것이다. 외투를 벗고 가벼운 셔츠를 입을 것이다. 차에서 올 처음으로 에어컨을 틀었다고 한 4월의 어느 날도 있을 것이다. 그리고 5월을 맞을 것이다. 내가 죽을 때까지 사랑할 소녀가 태어난 달. 우리는 그렇게 한 계절을 또 지날 것이다. 책과 함께하는 계절 여행이라니, 남은 날도 이렇게 살 수 있었으면 하는 봄학기 책 모임 첫날을 앞두고 있었다.

고등학생 과외는 그만해야겠다고 고민하던 참이었다. 나는 중학생을 기르는 것이 더없이 좋았다. 누군가는 고등학생은 생활지도를 안 해도 되어서 좋다고 했지만 나는 그 생활지도가 포함된 과외가 좋았다. 딸을 키우면서 좋았던 것도 그 생활지도였다. 지지고 볶고라고 비유하거나 간추리면 안 되는, 정말이지 어느 날은 물건이 날아다니고 또 어느 날은 날 선 말이 가슴에 꽂히는 전쟁 같은 날이 결국은 지난다는 것을 이제는 알기 때문인지도 모르겠다. 그러고 나면 아이들은 훌쩍 커 있었다. 저만치 가 있었다. 그렇게 자주 거칠고 가끔 부드러운 생활지도를 거쳐 고등학교에 올려 보낸다. 계속 가르쳐달라고 하는 부모님도 계신데 나는 딸의 고등학교 졸업을 끝으로 더는 고등학생 과외는 하지 않기로 내심 정했다. 그 시간에 하고 싶은 일이 한 가지 생겼기 때문이었다. 또 하나의 고민은 오래 수업한 센터가 문을 닫는다는 거다. 센터 사정이라 어쩔 수 없지만, 그곳에서 아끼는 제자를 많이 만났기에 아쉬운 마음부터 들었다. 강산이 변하고도 남을 시간이었다. 지금 공부하는 친구들은 어쩌지, 제자들은 별생각 없을지 몰라도 선생은 어느새 걱정하고 있었다. 내 일은 알고 보면 짝사랑이다. 가르치는 일도 기르는 일도, 짝사랑이었다. 그런데 나는 그 짝사랑이 오래도록 좋았나 보다. 마음껏 그냥 다 주어버려도 괜찮은 일, 그런 일 아니던가.

오랜 짝사랑이 부린 마법일까. 점심 무렵 전화 한 통을 받았다. 수업 의뢰였다. 센터 소식을 들은 한 담당자가 연락을 해왔다. 원하는 요일, 시간, 인원수, 심지어 책상 배치까지 나는 술술 말하고 있었고 담당자는 다 들어주었다. 로또에 당첨되면 이런 마음일까. 문학상을 받게 되었다는 전화를 받으면 이런 마음일까. 전화 끊고 생각하다 보니 나 참 사랑 깊네. 그 사랑 참 깊었네.

책 모임 있는 수요일 오후에 그간 하고 싶었던 글쓰기 모임을 시작했다. 쓰고 싶은 사람이 모였다. 1차로 커피를 마시며, 2차로 떡볶이와 충무김밥을 먹으며 이야기를 나누었다. 소박한 발족식이다. 내 마음에 발자국 남기며 모임의 한 걸음을 뗐다. 주인아주머니가 저녁 장사를 준비해야 한다고 알려주지 않았다면 이야기가 끝없이 흘러갈 뻔했다. 그런 시간은 시계가 멈추고 그곳엔 우리만 있는 것 같다. 타인이 우리를 깨우기 전까지 꿈을 꾸듯. 어째서 하고 싶은 일은 그런 것인가. 예의 박연준 작가는 읽기는 공들여 듣기, 쓰기는 공들여 말하기라 했다. 공들여 듣고 공들여 말하는 사람, 사랑이 될 것이다.

나중에라도 다시 생활지도를 벗어나 고등학생 제자들을 만나게 될까. 울긋불긋 여드름, 걸걸해지는 목소리, 털이 숭숭난 팔다리가 내 눈엔 어찌 그리 예쁜가. 선생의 짝사랑엔 답도 없다.

내일은 토요일, 다시 초등학생 만나 함께 글 쓰는 시간이다. 토요일엔 수업이 많아 제대로 된 점심 먹는 것도 힘들다. 간헐적 단식, 오히려 좋다 생각한 지 오래다. 맘도 몸도 힘든데 좋다. 저, 오늘도 내일도 일하고 있어요.

잘 쓴 글.

글은, 하고 싶은 말이다. 절박할수록, 대화 상대가 나뿐인 것 같을 때 절실한 글이 나오고, 어느 독자에게 반드시 가닿는다. 가장 나답게 쓴 글이 잘 쓴 글이다. 진실되게 쓴 글이 잘 쓴 글이고 내 상황, 내 마음, 내 생각을 담아 보려고 애쓴 글이 잘 쓴 글이다. 잘 쓴 글은 이미 세상에 많다. 글을 글로만 보지 말고 내가 쓰려는 글로 보면 보이는 것이 다르다.

잘 쓰면야 좋겠지만,
그냥 쓴다. 잘 쓰는 날도 있고 못 쓰는 날도 있는 것이다.

미워하는, 미워하지 않는 2

휴강을 두 번이나 해야 했다. 지금까지 내가 아파서 휴강한 일은 딱 한 번, 2018년 겨울, 독감에 걸려서다. 집에 꼼짝없이 갇혔다. 누워서 휴강 메시지를 적고 있자니 묘했다. 학창시절 12년 개근에, 코피 한번 흘린 적 없는 내가 휴강하는 날도 오네 그랬다. 이번에는 MRI 검사를 받느라 수업을 못 했다. 오전 아홉 시 반 검사였으니 오후 수업은 할 수도 있었다. 그런데 당일 생기는 변수로 인한 당일 휴강은 불가능하기에 오전 오후 수업을 모두 쉬었다. 그리고 의사 선생님 만나 결과 보고 얘기 들어야 해서 한 주 만에 휴강을 또 했다. 다행히 센터 수업은 5월 말 보강하면 되고 과외 수업은 중간고사까지 시간이 있어 안심이었다.

대학병원에 벌써 세 번째 방문이다. 약간 친숙해지려 한다. 어제 쌀쌀해 오늘은 코트를 입었더니 하나도 춥지 않다. 바람도 덜 불어 따뜻했다. 끝나고 수업이 없으니 헐렁한 마음으로 걸었다. 평일 한낮이라 그런가 학교 잠바 입은 학생들이 많다. 봄볕도 예쁘고 아이들도 예쁘고 병원 가는 길인데 나는 좋았다. 이따 나오면서 던킨 도넛이나 사갈까 그런 생각을 했던 것 같다. 구급차가 사이렌을 울리며 나를 앞질러 달려가 멈춘다. 그래, 여긴 병원이지.

MRI 찍은 일이 벌써 먼 과거처럼 느껴진다. 손등에 로션을 바르다 작은 딱지를 발견했는데 그게 조영제 바늘 꽂느라 생긴 상처였다는 것도 잊고 있었다. 병원에 아홉 시에 도착했다. 잠깐 대기, 검사 전 한 차례 더 대기, 검사 마치고 시계를 보니 열시 반이었다. 핸드폰을 탈의실 사물함에 두었더니 할 일이 없어 사람 구경을 했다. 시장 구경은 재미라도 있지, 병원 구경은 어째 엄숙하다. 한 나이 많은 아저씨가 부인과 왔는데 간호사 질문에 71년생이라 대답해 놀랐다. 내 친구급인데 그렇다면 나도 이제 그냥, 한 나이 많은 아줌마란 말인가 하며 웃었다. 휠체어 탄 할아버지는 앉은 채 한밤중처럼 주무시는데 머리 부위를 찍는다고 했다. 늙어 늙어도 병원에서 포기할 때까진 검사를 받아야 하는구나 슬퍼졌다. 71년생 아저씨는 환자복 바지를 조이지도 않고 손으로 붙든 채 나왔다. 젊은 부부 중 아내가 남편 이름을 부르며 커피 마시러 갔다 오자고 했다. 서로 이름 부르는 것도 참 괜찮네, 첫사랑이랑 결혼했다면 이름을 불렀겠지. 환자로서 내 이름이 불릴 때까지 실컷 상상을 했다. 그렇게 세 팀 그리고 내 곁에 앉은 다정한 노부부 한 팀까지, 토요일 열 시 전후 MRI 검사를 받기 위해 기다리며 잠깐 스친 인연들이었다. 모두 무탈하시길.

'20분 지연' 화면에 글자가 떠 있다. 담당 선생님 진료가 늦어지고 있다. 일찍 도착해 딱 단편소설 하나 읽을 만큼의 시간이 흘렀다. 산부인과 앞에서 대기하다 진료실 앞으로 자리를 옮긴 뒤 선생님을 뵈었다. 3M 주황 귀마개를 끼고 헤드셋까지 썼는데도 띠디디디, 다다다다다 굿판 벌어지는 소리가 쟁쟁했는데 삼십 분 내리 찍은 결과가 이거구나. 선생님 말 들어야지, 컴퓨터 화면 봐야지, 돌이켜보니 나는 배꼽 밑에 있는 커다란 혹만 제대로 봤지 싶다. 병원도 경험이다. 초짜 환자는 말도 제대로 못 듣고 화면도 제대로 못 봤다. 그래도 두 번이나 뵈었으니 선생님이 수술해 주셨으면 했다. 환자는 의사에게 순식간에 마음을 내어준다. 내적 친밀감을 급속도로 가진다. 의지하고 싶은 마음이 커서일 것이다.

근종 위치 때문에 복강경이나 로봇으로는 어렵다는 말을 들었다. 치료 방법은 두 가지다. 개복 수술 혹은 먼저 주사를 맞아 몸 상태를 조정한 뒤 로봇 수술. 나의 자궁은 우리 딸을 낳아 길렀으니 원이 없고 그동안 수고했다 해주고 싶은데 여성

호르몬이 조금 남아 있다고 했다. 폐경까지 시간이 남았다는 뜻이었다. 왜 사람은 작은 일, 사소한 일에 마음이 흔들리는가. 적출을 앞두고 나는 호르몬 생각을 오래 했다. 생리를 삼십 년 넘게 했으면 충분하지 않은가 싶으면서도 어쩐지 쉽게 결정이 나지 않았다. 의료계 종사자인 친구의 친구는 비슷한 상황에서 망설이지 않고 결정했다고 했다. 그런 근종 선배들이 있어 그래도 마음이 괜찮았다. 여성 셋 중 하나가 근종을 가지고 있다는데 절친 셋 중 셋, 백 퍼센트 이 수치는 무엇을 의미한단 말인가. 힘들 때 남 긁는 대신 자신을 긁은 우리 생각에 잠깐 아렸다.

문제가 있었다. 의료파업으로 병원에서는 아무것도 해줄 수 없다는 것. 수술을 잡을 수 없으니 당연히 주사도 바로 맞을 수 없었다. 기다리거나 다른 병원으로 가야 했는데 나는 기다리겠다고 했다. 암으로의 발전 가능성은 피검사 수치상 낮고, 증상으로 인한 불편함은 인내심 99단인 내게 참을 수 있는 정도의 것이었다. 파업 사태가 나아져 있길 바란다며 선생님은 초음파 예약을 9월로 잡아주었다. 9월, 가을, 낯설다.

근종이 몇 개인지 왜 정확하게 말해주지 않아? 물었더니 근종 선배가 친절하게 얘기해준다. 다발성은 그렇게 하나하나 셀 수가 없어. 아, 의사가 그저 많다고 할 때는 이유가 있구나. 그럼 잠깐만요, 하고 엉터리라도 세어 볼걸. 근종 선배는 제 몸으로 고생을 많이 했던 터라 내가 다른 병원에도 가봤으면 했다. 병원 홈페이지에 들어가 수술 받은 선생님이 아직 계신다고 이름을 알려주기까지 한다. 그런데 나는, 적출까진 생각했는데 개복은 예상 밖이라 생각할 시간이 필요한가 보다. 실은 손등에 꽂은 바늘로 조영제가 들어갈 때 그 찌릿함이 끔찍했다. 팔을 타고 흐르며 어깨 밑 어디까지 혈관이 이어지는지 선명히 알려주는 느낌이었다. 세 가지쯤의 타악기 소리가 합쳐지고 지루해 죽을 때쯤 검사가 끝났고 베드가 기계를 빠져나와 천장을 보게 되었는데 하늘, 구름, 나뭇잎 사진을 조명등으로 설치해 놓았다. 병원이라는 걸 잠깐은 잊으라는 듯. 나와서 보니 하늘, 구름, 나무의 문제가 아니라 병원과 바깥은 애초에 공기가 달랐다. 검사할 때 배가 들리지 않도록 숨을 잔잔히 쉬라고 한 게 떠올라 크게 들이켜고 깊게 내쉬어 보았다. 다음번 병원에 갈 땐 공기를 생각하게 될 것이다. 병원도 경험이지만, 경험이 항상 좋은 건 아니다. 손등의 1밀리 딱지가 기억하게 해준다. 조영제의 찌릿함을, 병원의 공기를.

좀 눕겠습니다

기상 알람은 다섯 번이었다. 다섯 시부터 시작되는 아이폰 알람 사운드는 모두 '밤부엉이'. 이름은 밤부엉이지만 달밤에 후 우우 후후후후우 하는 운치는커녕 요란하기 그지없다. 온전히 깨어 있다면 3초를 견디기 힘들고 비몽사몽이라도 귓가를 때리는 그 소리는 듣고 있기 몹시 괴롭다. 아이가 중학교에 올라가며 매일 6시 38분 셔틀버스를 타야 했고 나의 다섯 시 알람은 그때부터 시작되었다.

고등학생의 나는 지각대장일 뻔했다. 아버지가 차로 실어 가까스로 교문에 내려주지 않으면 지각을 몇 번이나 했을까. 독서실에서도 잠깐 엎드렸다 눈을 뜨면 집에 갈 시간이 되어 있었는데 이에 관한 가설은 두 가지다. 나는 원래 잠이 많은 아이였을 것이다. 혹은 잠으로 도피하는 아이였을 것이다. 모두 그럴듯하다. 세 번째 직장에서 아이들 교재를 만들었으므로 출간을 앞두고는 퇴근이 밤 한 시가 될 정도로 늦었다. 아침 아홉 시 출근은 거의 불가능했고 삼십 대 김 과장의 근태는 엉망이었다. 잠이 많다기보다 수면시간이 확보되지 않을 때 생활에 지장이 생기는 경우에 가까웠다. 나의 십대는 부모님의 사랑과 전쟁, 그 와중에 방치된 피해자 시기로 기억된다. 적극적인 삶의 의지 같은 건 찾아보기 힘든 시절이었다. 모자란 잠을 핑계로 까무룩 잠들곤 하는 아이, 잠은 손쉬운 도피였고 나는 그 도피처로 자주 향했다. 오로지 시간에만 복무하는 포로가 아니었을까. 삶에도 포로였고 잠에도 포로였다. 잠의 포로였기에 삶의 포로가 되었는지도 모른다.

위기가 찾아왔다. 엄마는 아이 나이로 두 번 산다. 딸의 중고등학교 6년을 나도 다시 살게 되었을 때 한두 시에 잠들고 다섯 시부터 울려대는 알람 소리를 듣는 건 그 어떤 괴로움을 능가했다. 중학교 출결은 고등학교 진학에, 고등학교 출결은 대학교 진학에 영향을 준다. 무단지각, 무단결석은 생각할 수 없었다. 질병지각, 질병결석으로 처리되려면 병원에 들러 진료확인서를 받아야 했다. 병결이 많아도 불이익이 있으니 떠지지 않는 눈으로 6년간 알람을 껐다. 대한민국 청소년기는 잔혹동화다. 엄마는 잔혹 동화에 등장하는 시종쯤 될까. 아이를 등교시키고 나면 아침 일곱 시 그때부터 미칠 듯이 잠이 밀려왔다. 침대가 부르는 수준이 아니라 세상에서 원하는 건 오직 침대뿐인 상태. 눈을 떠보면 보통 열 시였다. 내 최소 수면시간은 여섯 시간인데 일이 있는 날은 자지 못하고 견뎠다. 견디면 견뎌졌는데 몸이 축나는 줄은 몰랐다.

오전에 자고 나도 머리가 맑지 않았다. 커피가 필요했다. 전화라도 오면 목소리를 가다듬어야 했는데 내가 내 잠 챙기는 것뿐인데 죄책감이 들었다. 매일 열 시까지 퍼자면 어쩌라는 거야, 내가 나에게 다정하지 못했을 때 동병상련인 친구가 '잠이라도 자야 버티지.' 해준 말이 너무나 고마웠다. 아이가 졸업한 뒤에도 한동안 알람을 지우지 못했다. 중학교 때는 거의 집 앞에서 셔틀을 탔는데 고등학교는 정해진 승차 지점이 있었다. 차로는 3분이지만 1.8킬로 거리를 무거운 책가방 매고 걷는다는 건 혹독한 일이었다. 가방 무게에 몸이 꺾이면서 도저히 걸을 수가 없기 때문이다. 그러니 매일 차로 데려다주었다. 3년 동안. 데려다주고 와서는, 잠이라도 자야 버티지, 친구의 말을 웅얼거리며 침대 위로 쓰러졌다. 온몸으로 겪은 시간이어서였을까. 알람을 쉬이 없애지 못했다. 한동안 회색으로 꺼두기만 했다.

딸이 기숙학원에 들어간 지 석 달이 지났다. 이제 알람은 딱 두 번, 6시와 6시 15분에 울린다. 먼저 눈이 떠지기도 한다. 오전에 일하는 날은 수요일과 토요일밖에 없는데 그래도 여섯 시에는 일어나고 싶은 마음에 알람을 그대로 놔두었다. 이젠 밤 열두 시면 눕고 싶다. 아이 중고등학교 시기와 맞물려 이르게 통잠을 잃었다. 중간에 깨서 화장실 다녀와 다시 자거나 아예 잠이 깨는 날은 보리차 데워 마시고 책을 읽는다. 글을 쓴다. 오십 대가 되어 통잠도 영원히 안녕이다.

*

애들아, 잠을 깨려면 어떻게 해야 해? 토요일 오전, 학교도 안 가는 날 애들이라고 쉬고 싶지 않을까. 나는 수업 전 잠시 아이들과 이런저런 이야기를 나누는 시간이 행복하다. 내가 초등학생으로 돌아가는 시간이기도 하다. 가장 먼저 나온 답은 핸드폰을 해요, 핸드폰 하는 거 말곤? 나의 질문에 한 녀석이 자기 뺨을 때려요, 대답했고 우리는 함께 크게 웃었다. 오전 수업 있는 날도 예전처럼 새벽에 일어나야 하는 건 아니니 나는 살 만하다. 가뜩이나 내려간 내 눈이 처지는 건 세월과 중력인 줄만 알았는데 수면 부족도 원인이었나. 한두 시간 더 잘 뿐인데 나는 눈을 크게 뜨고 산다.

뱃속에서 열 달, 육아 이십 년, 고단했던 시절이 알람 해제, 삭제와 함께 끝났다. 아이 방이 비었다. 한 달에 한 번 집에 오는 딸을 위해 일주일에 한 번씩 청소를 하는데 물건이 별로 없으니 간단하다. 어느 날 대낮 안방 침대에 눕긴 어쩐지 어색해 딸 방 침대를 따뜻하게 덥혔다. 아무도 없는 한낮 책 한 권 들고 가만히 이불 속에 들어가 보았다. 잠을 자는 것만큼이나 몸을 눕히는 일이 행복하구나. 하루에 한 번은, 아니 눕고 싶을 땐 언제든 눕겠다. 나는 몰래 결심했다. 언제 눕고 싶을지 모르니까 한동안 침대를 늘 따뜻하게 해두었다. 수업 없는 오전에, 수업하고 돌아와서 화장도 지우지 않고 눕곤 했다. 책 읽다 휴대폰 하다 졸리면 '시리야, 삼십 분 알람 맞춰 줘!' 헛일을 부탁하고 나를 놓았다. 아무것도 달라진 것 없는 낮에 홀로 일어나 다시 커피를 내리고 수업을 가고⋯ 그런데 자고 난 후의 나는 힘이 났다.

늦은 수업을 마치고 집에 와서는 밥을 먹었다. 저녁이 아니라 야식이었다. 배가 고프면 배를 채우고 잠이 고프면 잠을 채우는, 나는 성능 떨어진 배터리 같은 몸을 간간이 충전한다. 이마저도 안 되는 날 다른 방법을 찾아야 하겠지만 잠은 유효한 방법이었다. 눈에서 멀어지면 마음에서도 멀어진다는 말을 싫어했다. 상투적이라서, 그리고 나는 이상주의자여서다. 눈에서 멀어져도 마음에서는 멀어지지 않는 무언가, 죽을 때까지 그리워할 수 있는 것 하나 정도는 있어야 그랬다. 딸이 기숙학원에 들어가고 나는 내 삶을 살며 마음이 한결 편해졌다. 잘하고 있으려니, 그 아이의 삶이려니, 이제 응원하는 자리로 물러

나야 할 때려니. 결국 안 봐서 편한 것이 있었다. 그리고 나는 때때로 잤다. 언제든 누울 수 있다는 마음 하나로도 편해졌다. 할 수도 있고 안 할 수도 있고. 선택할 자유는 사람의 마음자리를 넓게 만든다. 이리저리 마음이 돌아다닐 여유를 주니 편안했다. 편안은 아무리 생각해도 행복의 실체다.

예전에 알았던 한 분이 일하는 시간 외엔 와식생활자로 모든 것을 해결한다고 했다. 와식생활자라니 그 말이 재미있었다. 계속 누워 있는 건 조금 지겹지 않을까. 그렇게도 생각했던 것 같다. 나는 와식생활자까지는 되지 못할 것이다. 책 읽고 수업하는 시간 말고는 엉덩이가 정말 가볍다. 그래도 와식호지자好之者는 될까. 낙지자樂之者 반열에 들어 생활자까지 될 수 있을지 모르겠으나 나는 잠의 참맛을 알았다. 몸 눕히는 기쁨을 알았다. 힘이 나니 하고 싶은 것이 자꾸 떠올랐다. 생각해 보면 그 힘은 의지를 내려놓고 가장 연약한 모드로 돌아가는 데 있었고 생각하는 게 아니라 자고 일어나 행동하는 데 있었다.

그래서 이만, 좀 눕겠습니다. 아! 오늘은 수업이네.

기다리는 마음

종로에 있는 약국에 다녀왔다. 버스를 갈아타면 시간이 덜 걸리는데 한 번에 가는 버스가 있다는 걸 알게 된 뒤로 그걸 선택한다. 벚나무 있는 자리마다 벚꽃으로 환하고 나는 창가에 앉아 내내 꽃을 보고 사람을 본다.

버스에서 내려 조금 걷는데 볕이 따뜻했던 그날, 이게 봄이지 싶었다. 그런데 봄은 짧다. 짧아서 애틋하다. 그래서 청춘이라고 하는가 보다. 4월은 입에 올리지 않아도 누구나 아는 마음 아픈 달이라 그리움 가득 담긴 글을 읽고, 생각하고, 쓰겠다고 마음먹는다. 약국에 도착해 약 몇 가지를 산다. 아이에게 보낼 한 달 치 영양제다. 두세 달분 한꺼번에 사도 되지만 나는 꼭 한 달 치만 산다. 그 마음에는 한 달이 잘 지나갔다는 안도, 또 한 달을 잘 보내겠다는 다짐, 다음 약 사는 날이 오기를 즐겁게 기다려 보겠다는 계획 같은 것이 담겼다. 사실 그러고는 아무

85

생각 없이 스케줄 따라 살지만 기다리는 시간, 기다리는 마음을 잘 느껴볼까 하여 해보는 중이었다.

일견 의미 없어 보이는 계획 아래, 나의 불안함이 잔잔하게 깔려 있다. 길게 보니 대학이 전부가 아니라는 걸 알겠고 그 뒤로도 인생은 여러 번 엎치락뒤치락한다. 필연도 우연도 만난다. 그걸 재미로 여기면 좋을 텐데 무엇보다 내가 그런 사람이 못 되는 것이다. 전전긍긍 미리 준비할 수 있는 건 다 해야 그나마 안심하는 사람이랄까. 인생이 만만치 않아 겸비하게 되더라. 9월 원서 쓰고 11월 수능 치르는 날까지 기다리자니 마음이 봄인다. 내년엔 딸이 캠퍼스에 있게 될까. 운이 따라 주지 않아 삼수를 하게 되면 어쩌지, 혼자 소설을 쓴다. 그런 불안이 커져 내게 내상을 입힐까 그래, 잘 기다려 보자 다독인다. 기다리는 마음을 들추면 그런 내가 보인다.

나처럼 하고 싶은 일 하며 돈 버는 사람이 또 있을까 할 때도 있다. 일찌감치 프리랜서가 되어 무지막지하게 일을 했는데 그 시간이 지금의 내공을 만들었다. 그러기까지 어떻게 될지 모르는 채 해내야 하는 날이 많았다. 해내자면 즐겁지만은 않았다. 싫었다기보다 지겨운 마음을 꾹꾹 누르고 참았다. 그렇게 했기 때문에 오늘에 이르기도 했지만, 늘 무언가를 위해 기다리는 것 같은 만족의 지연, 현재의 헌납이 억울하게 느껴지는 날이 있었다. 학교 다닐 때 운동 참 못했던 내가 매달리기만 큼은 만점이었는데 결국 잘 참는 게 재능이었던 걸까.

뒤늦은 방황을 했다. 전공 시험지에 내가 왜 살아야 하는가, 8절지 앞뒷면을 빡빡하게 채워 제출하기도 했다. D를 받는 바람에 재수강도 못하고 그 성적은 영원히 남았다. 스무 살의 내가 써낸 답안지가 보고 싶다. 멀쩡한 얼굴로 출근하고 매일 밤술을 마신 날이 있었다. 다음 날이면 더 멀쩡한 얼굴로 출근을 했다. 그런 생활을 사 년쯤 했는데 아무도 몰랐다. 남은 몰라도 나는 알았다. 엉망진창의 삶은 자기 자신을 상처 입히는 일이다. 남 보기에 딱하기도 하지만 상처투성이 그가 스스로를 어쩌지 못 하는 것이 가장 딱하다. 힘들 때면 이십 대를 돌아본다. 밤새 싸우고 아침이면 흩어져 일터로 향하는 부모에게 아이러니하게 책임을 배웠다. 온몸으로 배운 것이 있어 나도 출근했다. 부모가 보여주고 싶은 가꾸어진 앞마당이 아니라 절대 자신은 확인할 수 없는 뒷모습 같은 뒷마당을 보며 자랐다. 최후의 보루인 일상을 지키는 힘을 물려받았으니 끝내 다행이었다.

어느 날부터 일이 재미있었다. 내 일은 내가 빛나는 것이 아니라 누군가 잘 되는 것이었는데 비로소 신났던 것 같다. 성장하는 재미라고 해야겠다. 그렇게 재미있어서 신나서 나의 쾌락을 유예하는 일에 익숙해졌다. 대체한 걸까. 그랬을지도 모르지만, 나 매달리기에 진심인 사람.

인생은 아무래도 반복이다. 인간은 반복 속에서 편안하다. 요즘 나는 다시금 즐거움에 대해 생각한다. 기쁨을 생각한다. 아이가 집에 없으니 일하고도 시간이 남는다. 챙기는 일이 줄었을 뿐인데 그렇다. 한 사람을 키워내는 데 이만큼의 시간과 노력과 에너지가 드는 줄 알았다면 했을까. 알고는 안 했지, 몰라서 했지. 친구와 주고받은 말처럼 어쩌면 결혼부터 몰라서 모든 일을 벌였고 그래서 좋았다. 벚꽃 길을 걸었다. 꽃이 좋은가, 걷는 게 좋은가. 한 가지만 골라야 한다면 나는 걷는 게 좋다. 내가 걷는데 어느 날은 벚꽃이 있고, 어느 날은 장맛비로 생긴 웅덩이가 있고, 어느 날은 낙엽이 진다. 벚나무에게 나는 지나가는 한 사람일 뿐이겠지 그런 생각을 하며 걸었다. 집에 가서 밥 먹어야지, 밥 먹고 커피 마셔야지, 커피 마실 때 쿠키 먹어야지, 기다려지는 일들이 대체로 대단한 것이 아니라는 걸 알게 된다.

기다리는 마음을 오롯이 느끼는 건 아직 연습이 필요하다. 최선을 다하고 있으니, 그에 앞서 나는 최선을 다하는 사람이니, 나를 믿고 결과를 두려워하지 말자고 해도 두려운 건 두려운 거다. 기다리는 마음에 그 마음도 넣어둔다. 달달 떨다 살다 갔소, 묘비에 그렇게 적고 싶지는 않으니까. 마음이란 신기하게 온전히 느끼고 나면 덜해진다. 욕망도 두려움도 슬픔도. 시간이 필요한 일이다. 끝까지 가 보는 것 그러니까 끝까지 잘 느끼는 것이 중요하다. 도망가려고 하니 달라붙는다. 숨었다가 제멋대로 튀어나온다. 잘 기다려 봐야지 하는 마음은 이렇게나 여러 얼굴에서 비롯됐다. 진짜 얼굴은, 잘 살고 싶은 마음이다.

봄밤의 벚꽃은 조명 같은 건 필요로 하지 않는다. 밤이 깊으면 한적해질 것이다. 조명까지 꺼지면 호젓할 텐데, 서울의 밤거리는 그 조명 없다고 어둡지 않을 텐데 희디흰 벚꽃 아래까지 왜 이렇게 불을 밝히고 살까. 이십 년 만에 밤을 돌려받았다. 이제 밤에 나가 놀아도 붙잡을 사람이 없다. 밤을 기다려볼까. 약속 있는 밤이라면 느지막이 일어나도 되는 아침이 기다려질 것이다. 기다리는 마음을 내 맘에 두어본다. 설레게, 두렵게, 기쁘게, 때로 지겹게. 그것만큼 좋은 실감의 시간이 또 있으려나. 매달리기 하듯 살아온 내가, 삼십 년이 되어서야 일이 무엇인지 알겠는 내가, 오래 한 사람을 사랑하고서도 사랑을 모르겠는 내가, 올해는 기다리는 시간을 세세히 실감하기로 한다.

속눈썹쯤 괜찮아

팬데믹을 겪으며 마스크 쓴 삼 년 동안 좋았던 건 화장을 안 한
것이다. 누군가는 마스크에도 벗겨짐 없는 화장을 했겠지만
나는 화장을 쿨하게 내려놓았다. 선크림만 바르고 나가는 간
편함, 피부의 편안함이란. 안 좋은 일도 기회와 변화는 동반한
다. 내 눈은 그럭저럭 크기도 모양도 마음에 들어 화장 안 하고
잘 지내던 날들, 서로 눈을 맞춰 대화하는 일이 늘며 스스로도
눈을 자주 들여다보게 되었다. 눈이 처지는 게 보였고 특히 오
른쪽 눈이 마음에 들지 않았다.

자꾸 보면 예뻐 보이는 건 젊음의 특권이었을까. 예전 내 얼굴
이 스치기만 하지 정확히 기억나진 않는다. 몇 년 전 사진만 봐
도 깜짝 놀란다. 양볼을 손바닥 전체로 감싸고 살짝 올려본다.
검지로 관자놀이도 살짝 올린다. 입꼬리도 살짝. 아, 그래 이
얼굴. 오늘이 가장 젊은 날인데 불만이 많다. 한편으론 그런 욕

심이 좋다. 이 마음으로 마지막까지 예쁘게 살고 싶다. 속눈썹이 올라가면 처진 눈이 좀 보완될까 생각하다 우연히 알게 된 원장님께 처음으로 속눈썹 펌을 받게 되었다. 코로나 종식은 기약 없고 여전히 마스크가 필수품인 때였다.

나는 뭐든 시작하면 꾸준한 편이라 세 달에 한 번씩은 기분 전환 삼아 펌을 하러 갔다. 수업, 집안일, 아이 양육 사이 어디쯤 놓인 즐거운 외출이었다. 이삼 년 되었을까. 원장님 손목이 탈이 났다. 그래도 낫길 기다렸다 하곤 했는데 시어머니가 아프셔서 아이를 봐주실 수 없다고 했다. 샵이 문을 닫게 되어 다른 곳을 알아보느라 일 년간 쉬었다. 신기한 게 그사이 속눈썹 영양제 바르는 게 습관이 되어 속눈썹이 길어져 있었다. 검지로 속눈썹을 슥슥 쓸면 간질간질한 털들이 많아 기분이 좋았다. 그리고 한동안 지켜보던 새로운 곳에 방문했다. 당연히 파마약을 사용하는 시술이니 속눈썹도 눈도 조금은 고생이지만, 한 시간쯤 지나 눈을 뜨면 내 손으로 절대 만들 수 없는, 가지런히 올라간 속눈썹이 되어 있는 것이 신기했다. 사상 초유 속눈썹 분실 사건이 벌어지기 전까지는 말이다.

몸도 마음도 꿈틀대는 3월의 봄. 오랜만에 속눈썹 펌을 받고 왔다. 삼 주 정도 지났을까. 펌이 풀리며 가지런히 올라가 있던 속눈썹이 이리저리 휘기도 한다. 자연스러운 일이다. 왼쪽 속눈썹도 그런 줄 알았다. 그런데 자세히 보니 속눈썹 반이 없어졌다. 끊긴 것 같았다. 이게 무슨 일이지. 그동안 어떻게 관리했는데, 속상했다. 다시 자라기까지 시간이 얼마나 걸릴지 모른다. 털도 늙어 약해지는 걸까. 당분간 펌을 할 수 없는 길이가 되었으니 열심히 관리나 해야겠다 싶어 새로운 속눈썹 영양제 하나를 주문했다.

말이란 참 묘한 것이다. 샵에서 잘못한 것 아닐까 말했을 뿐인데 짜증이 올라왔다. 샵에 상황 전달은 해야 하지 않을까 포장했지만, 누구 책임인지 알고 싶었고 원인을 아는 건 나쁠 게 없을 것 같았다. 인스타 디엠을 보내 손상 원인에 대해 물었다. 정확한 건 다음 시술 때 상태를 봐야 알 수 있다는 답이 돌아왔다. 내가 듣고 싶었던 말은 아니라, 속눈썹 상태를 좀 더 자세히 설명해 다시 보냈다. 혹시 내가 진상 고객이 된 건가. 그 뒤로 답이 없어 디엠도 마음도 그대로 덮어두었다.

나흘이 지나고, 확인이 늦었다는 말과 함께 원했던 설명이 도착했다. 처음 답변을 듣고 전문가답지 못하다고 생각했던 성급한 판단을 철회했다. 마음은 앞서가도 말은 한 발짝 늦어도 된다. 내게 글은 한 다섯 발짝은 늦기에 안심이다. 옳은 말을, 필요한 때에, 친절하게 하라는 한 작가의 충고를 기억해두길 잘했다. 속눈썹은 시간이 해결해 줄 것이다. 딸은 속눈썹 뿌리만 상하지 않았으면 다시 자랄 거라고 한마디로 상황을 정리해줬다. 당사자는 마음의 중심을 잃기 쉬운데 그래서 후회할 일을 하기도 하는데 잠시 기대어 시간을 벌 수 있는 나무 한 그루가 있다면 얼마나 감사한 일인가.

그 일이 있고 얼마 후 친구들을 만났다. 집에 돌아와 그날의 인사를 남겼다. '모두들 푹 쉬어. 각자의 자리에서 고생 많은 거 알아. 그래도 나이 들었다고 다 아는 것처럼, 어른인 것처럼 하진 말자. 우리는 늘 처음 겪는 일들이니까 새롭게, 즐겁게, 또 힘들게, 그렇게 살자고.' 한중간에 있을 때 심각한 일이 지나고 보면 별일 아닌 것이 되고 더 지나면 추억이 되기도 한다. 시간이 부리는 마법의 힘이 크다. 그걸 믿고, 나는 추억이 된 일을 되감아 별일 아닌 일로 만들고 더 돌려 당황했던 순간 앞에 서 본다.

감정은 팔딱팔딱 생각은 사방팔방 뻗친다. 생生이 생생하여 힘들면서 좋은 한때로구나. 이게 또 사는 재미로구나. 말하는 순간, 벌써 지나고 있다.

움직일 동 動

뭐라도 해야 한다. 움직이지 않으면 쓸 게 없다. 마음이라도 흔들려야 한다. 나는 그걸 흐른다고 말하고 싶다. 흐르던 마음이 무엇엔가 덜컥 걸린다. 긴 시간이든 짧은 시간이든 고인다. 무슨 마음인지 몰라도 알고 싶다. 그러면 쓴다. 마음이 흐르려면 추동이 있어야 한다. 첫째는 나의 삶, 둘째는 타인의 삶이다. 타인의 삶이 책이라 많은 작가가 읽지 않으면 쓰지 못한다고 하는지도 모르겠다. 쓰려면 오늘을 살아야 한다. 삶이 있어야 글이 있다. 좀 시시해서 문제지. 시시하다고 느끼는 건 대단하길 바라기 때문이다. 글 쓰며 살고 싶은 내가 두려운 건 흐르지 않는 마음. 고요하면 아무 일도 일어나지 않는다. 흔들리지 않는데 무슨 할 말이 있을까. 움직일 동, 한자를 찾아보고 뜻이 열한 개나 있어 깜짝 놀란다. 움직이고 옮기고 흔들리는 글은, 동 動

안녕이라는 말

딸이 다녀갔다. 세 번째 정기 휴가다. 일곱 시 반, 팔십 킬로를
달려 기숙학원에 도착했다. 아침은 훤하고 아이들 싣고 대전
으로 향하는 버스는 나를 스친다. 대구, 부산, 광주 같은 이름
표 단 버스가 출발을 앞두고 있고 다 큰 아이들이 어디선가 와
르르 쏟아진다. 스무 살 언저리 아들딸들을 지나 내 차가 정문
을 통과한다. 주차장에서 잠시 기다리는데 딸이 나타난다. 뒷
좌석에 짐 두고 앞문 여는 딸을 향해 안녕, 커다랗게 외친다.
두 번째와 세 번째 휴가 사이 언젠가, 안녕 하고 자주 인사하
기로 마음먹었다. 길게 끄는 안녀엉에 가까운, 꼭 한 달 채우고
마주 보며 하는 인사다. 휴가를 활짝 여는 말이기도 하다.

딸의 4월 휴가 계획은 머리 다듬고 여름 추리닝 사기. 미용실
은 예약해 두었고 쇼핑은 금요일 오후 함께 다녀오면 되었다.
그런데 휴가 전날 메시지로 그 시간에 친구를 만나게 되었다

고 알려왔다. 추리닝은 급한 게 아니었나 보구나. 알겠다고만 했었다. 첫날 집에 도착해 미용실 가기 전, 주말엔 복잡해서 쇼핑하기 힘들다고 하니 갑자기 큰소리다. 나도 지지 않았다. 아니, 그런 건 미리 말했어야지. 금요일에 시간 보낸다고 했다가 약속 잡을 땐 그런 생각도 했어야지. 쇼핑이 중요하면 스스로 일정을 챙겼어야 한다는 뻔한 말인데, 갑자기

"나는 하고 싶은 걸 다 하고 들어가고 싶다고! 한 달을 기다린 3박 4일이라고!"

재수학원에서 너는 한 달을 꼭꼭 참고 있구나. 이해하면서도 나는 다 받아주는 온탕 엄마가 아니라 기어이 찬물을 한 바가지 끼얹었다. 나는 할 일이 있는데 금요일 일정 비우고 기다린 건 나라고. 네가 바꿔놓고 어쩌라고. 목소리 높이는 사람과 차분한 사람, 힘든 사람은 언제나 전자다. 그런데 우리는 당사자에게 울지 말고 말하라고, 차분하게 말하라고 이야기한다.

가족 통틀어 아무도 재수 경험이 없어 오직 내 친구 한 사람만 딸의 마음을 이해한다. 한 석 달 씩씩했고 별 문제가 없어 내가 놓쳤나 보다. 이 자식 엄마랑 약속해 놓고 자기 마음대로 바꾸네, 친구가 좋구나, 한발 양보하지, 그런 마음이었는데 자식도 결국 타인이라 내 마음이 우선이었다. 순간 아차 했는데 서둘

러 미용실 보내며 휴전했다. 머릿속에서 나머지 일정이 착착 재조정됐다. 절대 미리 말은 안 한다. 엄마도 사람이니까. 양보 속에 숨은, 배려 뒤에 남는 서운함. 그 감정을 잘 다루는 것이 앞으로 할 일이다. 섭섭함에는 무언가 없어지는 애틋함이 담 겼으니 그만큼 충만했다는 증거로 삼는다.

'장 보러 갈 거니까 어여 와.' 친구 만나고 집으로 출발한다는 딸의 메시지에 답을 보냈다. 우리는 술을 사러 간다. 중학교에 가며 이제 커피를 마셔도 좋다, 고등학교에 가며 가족과 함께 라면 술 한잔은 괜찮다고 허락했는데 스무 살 되고 어쩌다 재 수생이 된 지금 휴가 내내 술이다. 나까지 술바람이 불었다. 그 장단에 맞추다간 딸 휴가 후 내 휴가에 들어갈 듯하여 나는 딱 하루만 합류하기로 했다. 하이볼, 위스키, 라거, 청하까지 술꾼 냉장고를 아름답게 채웠다. 그날도 집에 와서 한잔했을걸.

아주 어린 날 딸이 그랬다. 나는 공부도 잘하고 얼굴도 예쁘 고 하고 싶은 것도 다 할 거야. 나는 입을 쩍 벌렸다. 엄마가 하 나 먹어봐도 될까. 줄 수 있을지 모르겠네. 천연덕스러운 표정 이었겠지. 저런 말은 누가 가르친 거야, 가르친다고 되는 거야. 그 소녀가 커서 자기는 영원히 살아서 해보고 싶은 걸 다 하고 싶다는데 나는 여전히 입을 벌리고 있다. 그러니 아디다스 매 장에서 두 시간째 추리닝 바지를 고르고 있는 것이다. 놀랍지도 않은 건 결국 아디다스에서는 후드 집업만 사고 나이키에서 겨우 추리닝 바지를 살 수 있었다는 것. 나는 전날 오전 오후 모두 일이 있었는데 정말 표정 관리를 못 하겠더라. 피곤이 주룩주룩 내렸다고 해야 할까. 날도 좋고 사람도 많고, 먹구름은 내 위에만 있었다. 쇼핑에 지쳐 벤치마다 걸쳐진 휴대폰 붙든 남편과 아이들이 내 마음인 적은 처음이었다. 그들 위에도 작은 먹구름 있었겠지. 조그만 비들이 내리는 상상을 했다. 마음에 꼭 드는 추리닝을 사고 우리는 집에 갈 수 있었다. 여섯 시간만의 귀환이었다. 덕분에 나도 득템 하나 했으니 불평하지 않겠다.

*

딸은 아침부터 공들여 화장을 했다. 내가 올봄에 산 티셔츠가 마음이 든다고 했다. 젊은 딸 칭찬에 넋 놓은 사이 쏙 골라 입고 나갔어. 속없이 웃을 수 있어 또 좋은 게 엄마일지니. 미국으로 떠나는 친구와의 약속인데 사진을 수십 장 찍어와 보여주고 싶은 건 아직 스무 살, 엄마와 연결된 케이블이 있어서다. 훗날 이 충만함이 그리울 걸 알기에 적어둔다. 그러면서도 나는 이렇게 말했다. 할아버지가 옛날에 호주, 뉴질랜드 여행을 다녀왔어. 그땐 소니 비디오카메라로 영상 찍던 시절이었거든. 재밌는 걸 보여주겠다는 거야. 그런데 끝없이 풀밭만 나오더라. 여행은 다녀온 사람만 재밌고 사진은 거기 있었던 사람에게만 의미 있다는 말이야. 분위기 깨는 엄마이지만 웃으며 충전하는 소녀를 보며 나는 나의 엄마를 생각하게 된다. 부모 자식으로 만나 육십 년이라는 시간을 부여받았다. 하나였다 둘이 되고, 사랑하고 미워하다 끝내 화해에 이르라고 신이 준 시간인데 나는 아직 화해하지 못했다. 어쩌면 우리는 완전하게 하나였던 시간이 부족했을까, 스물셋 너무도 어린 엄마라서 그랬을까 헤아린다. 새엄마만 다섯이었던 상처투성이 엄마의 어린 날을 나는 가끔 꺼내 들여다본다. 엄마와의 시간이 길게 남지 않았을 텐데 화해는 내 마음대로 되지 않는다. 단번에 되는 것도 아니겠지. 이루어가는 것이라고, 나는 가고 있다고 하늘에 보고한다.

말다툼이 한 번 더 있었다. 왜 싸우게 되었을까 생각해 본다. 매일 다지는 의지로도 재수생활이라는 건 딸에게 울컥할 일이고 내 입장에선 계속 위기 상황으로 살 순 없으니 나름 적응한 터라 할 말이 나온 거다. 그래도 봄이었다. 벚꽃 지고 겹벚꽃 한창이었다. 출근길마다 살핀 두 그루 겹벚꽃은 딸을 기다려 주었고 우리는 2024년의 봄을 놓치지 않을 수 있었다. 셋째 날이었나. 딸은 저녁 반주로 마신 거봉 하이볼을 종이컵에 옮겨 담았다. 들고 걸으니 사진이 흔들리게 찍혔다. 그게 멋이라 했다. 나는 마음에 담았다. 조금만 있다 피어라, 주문처럼 외웠던 시간과 함께. 우리도 늦게 피어 좋은 일이 있었으면.

기숙학원 들어가는 날엔 꼬박 세 시간 반을 운전하게 된다. 화
장실도 들르지 않는다. 그 정도쯤이야 몸은 괜찮은데 마음은
조심히 다루어야 한다. 친정엄마가 미국 사는 남동생이 왔다
가면 그렇게 슬프다는데 나는 그 말이 싫었다. 있을 때나 잘하
지. 엄마가 나를 오십 년 기르고 나는 딸을 이십 년 길러서 반
은 이해하는데도 그렇다. 엄마의 허전함을 안다. 견뎌보라는
거다. 못됐다. 아이가 첫 휴가 나왔다 들어가고 엄마가 전화했
다. 네 마음이 오죽하겠냐 묻는 전화였는데 오죽이라는 말에
기분이 나빠져 냉정하기 그지없게 받았다. 원망 속에 나를 채
워주지 못한 미움이 들었다. 그러니까 미움 속엔 나를 채워달
라는 사랑이 들었다. 철 지난 얘기다. 나는 엄마와 다를 것이
다. 그러면서 졸졸 따라가게 될 것이다. 내가 당신과 다르지 않
다는 걸 하나씩 깨닫는 걸음들. 그것이 내 방식의 화해하는 길
이지 않으려나.

우리 모두는 몇 번의 안녕 끝에 영원히 안녕하게 될까. 그런
생각에 이르면 모나고 못된 나의 마음이 조금 둥글어진다. 헤
어지는 순간은 볕 좋은 한낮이었는데 결심대로 안녕, 인사하
지 못했다. 이유는 마음에 쓴다. 한 달간 안녕. 다음번에는 헤
어질 때도 인사할 거라 믿는다. 처음부터 환하겐 못 하겠지.

그러다 환하게, 안녕.

금지

울면서 쓰기 금지
기분 좋다고 쏟아놓기 금지
춥고 더운 마음 품고 이성으로 쓰기

죽어도 하기 싫어, 운동

아는 분이 손재주가 대단하다. 손바느질, 미싱, 리폼 못 하시는 게 없다. 오랜만에 뵈었더니 어깨가 둥그렇게 말려 있었다. 평생 업으로 삼았으니 그럴 만도 한데 나는 약간 겁이 났다. 그분은 하루에 몇 시간씩 앉아 작업을 하셨을까. 나는 몇 시간이나 앉아 있는지 비교해 보았다. 소설가와 시인이 이야기를 나누며 근육 이름을 좔좔 왼다. 나는 작가는 아니니까 괜찮을 것 같은데. 친정엄마가 키가 자꾸 준다고 한다. 150 넘긴 자그마한 엄마가 이제 150도 안 돼, 했을 때 148이나 150이나… 무심히 받아넘겼는데 160 넘긴 내가 160이 안 될지도 모른다 생각하니 긴급한 일로 다가왔다. 웃픈 일이었다. 의연한 척하지만 늙는 일이 정말 싫은가 보다. 나는 자세도 평생 나쁘다. 허리 힘탁 풀고 구부정하게 앉아 있는 게 편하고 다리도 오래오래 꼬았다. 나란 사람, 대단한 성공을 꿈꾸진 않지만 절대 실패하고 싶지 않아 하는데 그 연장선에서, 대단히 예쁘진 않지만 조금이라도 미워질 순 없다는 마음이라고 할까. 자세가 곧고 팔다리도 길어지는 운동을 하고 싶었다. 막연하게 즐거운 거였으면 했다.

기본적으로 여럿이 하는 운동, 싫다. 선생님과 단둘이 하는 운동, 부끄럽다. 공으로 하는 운동, 재주 없다. 번거로운 운동, 안 갈 거다. 해봤다고 할 수 없을 정도로 잠깐 경험한 건 헬스와 요가였다. 헬스는 회사 다닐 때 회원권을 끊었는데 야근이 많아 몇 번 못 갔다. 요가는 버스 두 정류장 거리가 귀찮아 안 갔다. 이러면 의지박약이란 결론이 난다. 할 마음이 당최 없는 것이다. 나는 망망대해를 수영하거나 운전하는 꿈을 자주 꿨다. 수영과 운전에 대한 열망이 있었다. 이십 년 전 운전을 시작하고 운전하는 꿈은 덜 꾸었다. 운전은 내가 가장 좋아하는 일이 되었는데 이제 하늘을 나는 꿈을 꾼다. 유유히 호텔 수영장을 가르는 로망이 있어 수영은 꼭 배우고 싶은데 내게 번거로운 운동에 속한다. 하기 싫은 이유는 백 가지이지만 해야 할 이유는 하나라고 늘 말하지 않았나.

운동 유전자가 없는 거냐 하면 그렇지 않다. 허리가 약한 엄마는 평생 근력 운동 중이고 아버지는 동호회긴 했으나 산악대장이었으며 두 분은 육십 넘어서도 제주도 사이클 여행을 다녀왔다. 남동생은 산악자전거 대회에서 메달을 따기도 했다.

나는, 누워 있었다. 숨쉬기 운동만 한다는 말이 있는데 나는 그 숨도 제대로 쉴 줄 모르는구나 알게 된 건 3월이었다. MRI 검사를 위해 기계 안으로 들어가기 전, 담당 선생님이 배가 들썩이지 않도록 숨을 얇게 쉬라고 했다. 이해했다. 그런데 삼십 분간 나는 얇은 숨과 사투를 벌이다 나왔다. 숨을 컨트롤할 줄 모르는 거였다. 건강검진 항목의 폐기능 검사가 싫었다. 깊게 들이마신 뒤 길게 내뱉는 숨이 괴로웠다. 평소 나는 어떤 숨을 쉬며 사는 걸까.

아이가 스무 살이 되며 꼭 시작하기로 한 것이 운동이다. 모두가 코어를 얘기하고 PT를 얘기할 때 나는 모르쇠가 아니라 '모르오'였다. 평생 몸에 큰 변화가 없어 비슷하게 먹고 비슷하게 자고 비슷하게 살았다. 안 할 수만 있다면 운동은 끝까지 안 하고 싶었다. 요가원 등록 직전, 이틀을 미뤘다. 운동을 할 것이다 큰소리 뻥뻥 쳐놓은 게 있어 슬쩍 요가원에 가 보았더니 한낮인데 문이 잠겨 있다. 전화를 하니 낮 시간은 개인 수업 시간이라 한다. 더 미루다간 안 하겠다 싶어 요가원 카카오톡 채널로 질문을 보냈더니 당일 바로 시작할 수 있다는 게 아닌가. 집에 있는 매트가 얇을 것 같아 요가원에서 구입하기로 하고 저녁 9시 20분 수업을 들으러 갔다.

선생님이 너무 예쁘다. 마르거나 앙상하지 않은 보통의 몸이 아름다웠다. 목소리는 낮지만 분명 배에서 울리는 소리다. 마스크를 써서 얼굴의 반이 가려졌는데도 아우라가 느껴졌다. 입고 있는 요가 바지마저 왜 이렇게 예쁜가. 자주 선생님을 바라봤다. 편안한 옷차림이면 된다고 해서 집에 있는 레깅스에 티셔츠를 입었다. 귀에 들리는 말은 전부 이해되는데 그대로 되지 않았다. 비슷하게 흉내는 내고 있는데 선생님과 숨은 반대로 쉬고 때론 숨도 안 쉬었다. 동작에 집중하느라 뭐가 뭔지 모르는 채 따라가고 있었다.

주 2회면 적당할 거야, 알지도 못하면서 그렇게 생각했다. 요가원에 처음 걸어가며 3회도 괜찮지 않을까 싶었고 요가 수업을 받고는 주 5회로 변경했다. 수업이 전혀 무리가 없었던 데다 하필 저녁 수업이었기 때문에 하루 동안 구부러져 있던 몸을 펴고 돌아온 느낌이었다. 등록 후 아침에도 가보고 점심에도 가보고 저녁에도 가보았는데 운동하고 돌아오는 밤이 특히 좋았다. 맨 뒷자리에서 시작해 두 줄 앞으로 진출했다. 나는 오른쪽 자리가 편한데 왼쪽으로도 가볼까 생각한다. 세 분의 수업을 들었는데 원장님 실력이 단연 탑이다. 전문가는 말의 깊이가 있으면서 어렵지 않게 꼭 필요한 말을 할 줄 아는 사람이라 생각한다. 서 있을 자리마저 아는 사람, 원장님은 고수였다. 만 시간 법칙에 따르자면 하루 세 시간은 해야 하는데 나는 하루 한 시간, 일주일에 다섯 번 무림의 평범한 수련자로 살겠다.

충분해, 만족해.

힐링 요가는 편안한 마음으로 스트레칭을 하는 정도고 하타 요가는 빡세게 같은 동작을 반복시킨다. 나는 하타를 싫어하 겠군 했는데 역시나 요리조리 하타 시간을 피하고 있다. 원장 님 수업은 이지하타라 나에게 아주 적절했다. 이지하타를 중 심으로 필요한 날에 힐링, 싫은 마음이 들지만 일주일에 한두 번은 하타를 듣기로 해본다. 상담할 때 들으니 하타는 정통 요 가라고 했다.

주변 두 사람이 내게 필라테스를 권했다. 근력이 중요하다는 거였다. 설득은 되었지만 나는 요가가 하고 싶었다. 수련에 대 한 호감이다. 모든 운동, 모든 공부는 사실 수련이고 훈련이다. 그런데 우리가 마음의 소리를 가만히 듣자면 필요보다 호감 이 먼저다. 그렇게 나는 호감을 택했다. 나는 반듯한 자세로 우 아하고 싶은데 현실은 한 다리로 버티지 못해 달달 떨고 있다. '유지'라는 말이 그렇게 무서운지 처음 알았다. 그러므로 이 이 야기는 오십 넘어 처음으로 시작한 운동 이야기이자 꾸준히 끝까지 할 수련 한 가지는 갖고 싶었는데 그걸 요가로 택한 이 야기이면서 우아하고 싶은 욕망에 관한 이야기 되겠다.

요가 선생님 세 분은 몸의 각 부분을 따로 쓸 줄 안다. 유연하게 연결할 줄도 안다. 나도 그렇게 되고 싶다. 운동하고 집에 돌아오는 길, 나는 삐그덕대며 걷는 로봇이다. 마음을 한없이 탐구하고 싶었는데 나에겐 몸도 있었다. 몸을 잊고 살 수 있었던 건 젊음 덕분이었고 이제 내게도 '육체의 가시'가 있다. 늙을수록 몸의 가시가 늘 텐데 여전히 철이 없어, 혹은 아직 견딜 만하니 건강이 아니라 우아함이 중요하다. 최근 수업에서 나처럼 뻣뻣한 사람을 두 명이나 발견했다. 엎드려 시선을 배꼽으로 향하는 동작을 할 때였다. 육성으로 '히히' 하고 싶은 반가운 마음이 들었다. 뒤에 발가락 양말을 신은 분이 있었는데 발바닥엔 미끄럼방지 돌기가 빼곡했고 색깔은 심지어 핑크여서 또 '히히' 하고 웃었다.

함 나가보자고!

수업을 막 시작한 5월 어느 저녁이었다. 거리가 꽤 있어 무슨 노래인지 정확히 알 수 없는데 이건 분명 공연이다. 생각해보니 대학 축제 기간이었다. 중고등학교 아이들이 중간고사를 마치고 한숨 돌릴 때이긴 하지만, 대학생이 된 것만으로도 부러운 형들이 신나는 축제 현장에 있다니 얼마나 부러울까. 샘! 다른 대학 축제에도 갈 수 있어요? 신나게 대답해 주려는 바로 그때 왜 갑자기 내 가슴이 뛰느냐 말이다.

5월의 비는 공휴일에 왔다. 나는 비 오는 날이 싫지 않다. 내게 비는 대지를 공평하게 적시는 평화로움이다. 종일 들을 수 있는 배경음악이다. 빗소리 안에서는 무얼 해도 어울린다. 그런데 오랜만에, 날이 이렇게 좋았구나, 5월이면 이렇게 좋았었구나, 처음 깨달은 사실처럼 느껴졌다. 나무 아래서 올려다보면 보드라운 초록 잎들이 하늘에 그려져 있었다. 습도가 느껴지지 않는 바람이 팔에 감겼다. 내가 나가는 날이면 비는 그치고 미풍이 불었다.

이케아가 우리나라에 들어오기 전 파주 작은 수입 매장으로 있을 때부터 나는 그곳을 알았다. 헤이리며 근처 아울렛, 출판단지를 수도 없이 갔다. 홍대에서 합정, 상수에서 망원까지 긴 시간을 두고 다니면서 보물 같은 곳이 생겼다. 손바닥 지도처럼 훤한 몇 군데가 더 있다. 프리랜서이기에 며칠을 붙여 쉴 수 없는 나와 학교에 매여 있는 아이에게 그것이 가능한 휴가였고 휴식이었다. 아이 어릴 적 제2의 고향은 속초였다. 편히 빌릴 수 있는 곳이 있어 시간이 허락되면 속초로 달려갔다. 나는 운전을 즐겼고 바다가 그리웠다. 길지 않게 머무는 숙소까지 아꼈던 것 같다. 새로운 걸 찾지도 않고 매번 들르는 곳만 갔는데 고속도로를 달리는 내내 스치는 초록까지 모든 것이 충분했다. 초록은 때로 빈 들판이었고 그 들판에 눈이 내리기도 했다.

간간이 가던 여행마저 끊어진 데에는 몇 가지 이유가 있다. 태어난 지 한 달 된 강아지가 우리 집 둘째로 오고 시간이 흘러 아이는 중학생이 되었으며 이어 팬데믹이 시작되었다. 예민한 강아지, 마음의 여유가 없는 아이, 코로나 팬데믹까지 겹치듯 이어진 일들 속에서 나는 여행하지 않는 사람이 되었다.
4월 말이었다. 친구와 두 주에 한 번 함께 하는 일이 생겨 주기적으로 만나게 되었다. 그날은 끝나고 성수에 가보자고 했다. 좋아하는 브랜드의 개러지 세일이 그곳에서 있었다. 성수라면 두어 번 가본 게 전부인 동네다. 집에서 멀기도 하고, 모든 팝업 스토어는 성수에서 열린다고 할 만큼 핫한 곳이지만 그래서 엄두가 안 나는 곳이기도 했다. 그러면서도 가끔은 궁금해지는 곳. 꼼꼼하고 신중한 나인데 세일 장소를 잘못 알았다. 가장 빠른 길로 검색해도 걸어서 23분, 기온이 28도까지 올랐고 텀블러까지 챙겨 무거웠지만 슬슬 걸었다. 그리고 마침내 도착했다. 창고 세일이었으니 작은 돈 쓰는 기쁨 크게 누리고 나와 다시 걸었다. 낯선 곳의 두려움은 어디가 어딘지 감잡을 수 없다는 거다. 그렇기 때문에 예상치 못한 가게를 만나기도 한다. 여행지에서라면 그것이 즐거움이 되지 않던가.

지나다 보니 빈티지 마켓이 열려 있다. 앰프는 최대 볼륨이 아닐까 싶었다. 한 바퀴 돌고 나가 소리가 작게 들릴 때쯤, 살까? 친구가 물었다. 생각날 것 같다면 사야지. 우리는 되돌아가 친구의 원피스를 샀다. 천값도 안 되는 가격이었다. 귀여운 개 한 마리가 자고 있었는데 이 시장통에 잠이 오나 싶었지만 일 없을 땐 눈 붙이는 게 최고다. 한낮에 예쁨 실컷 받았는지도 모를 일이었다. 유명한 베이글 가게가 근처에 있었다. 배가 고프니 그곳에 가보기로 했다. 영등포점은 줄 서서 사 간다고 들었는데 이곳은 더하면 더했지 덜하지는 않을 것이다. 우리가 갔을 때는 늦은 오후라 남아 있는 게 몇 없었다. 무화과 콩포트와 갈릭 허브 빵을 고르고 라거와 에일을 한 잔씩 시켰다. 베이글과 맥주라니. 이 조합 사랑해, 사랑해! 한산했다. 마음은 한가했다. 커다란 창 밖으로 천천히 해가 지고 있었다.

가슴이 뛴 이유를 생각해 본다. 부모님이 든든하게 계셨고 아직은 취업 걱정도 없던, 낭만이 남아 있는 이십 세기 끝자락이었다. 어른으로서 책임은 다 지지 않아도 되는 스무 살, 나는 그때처럼 마냥 걱정 없이 놀고 싶다. 유난히 날이 좋다고 몇 번이나 느낀 건, 좀 나가고 싶은 마음이었다. 필요한 거 사러 가는 것 말고, 잠깐 나갔다 오는 것 말고. 속초로 내달렸던 것처럼 아니 그보다 멀리 교토 같은 곳에 가는 것. 봄이면 벚꽃을, 가을이면 단풍을 보러 가고 싶다. 여름에는 장마와 무더위를 느끼고, 교토의 겨울을 만나러 가고 싶다. 그렇게 어딘가를 제3의 고향 삼아 머무를 날이 올까. 이십 대 첫 직장에서 정산 받은 퇴직금을 들고 유럽으로 날아갔다. 다녀오자마자 사진을 인화해 앨범 두 권으로 만들어 두었다. 사진 속 나는 토끼 같은 앞니를 보이며 웃고 있다. 보장된 건 아무것도 없었는데 이게 무슨 일이야, 돌아보니 행복했었네.

물리적으로 아이가 곁에 없으니 몸이 기억을 해낸 걸까.

꿈을 꿔본다. 작은 꿈부터 꾼다. 낯선 곳에서 놀아야지. 맨날 가는 밥집 말고, 익숙한 서점 말고. 낯선 곳에서 헤매야지. 안 입어본 옷을 고르고 차가운 걸 좋아하지 않지만 빙수를 사 먹어야지. 대신 최고로 맛있고 예쁜 걸 골라야지. 최근 삼십 대가 주로 듣는다는 팟캐스트를 구독했다. 새롭고 낯선 세계가 그곳에 또 있었다. 에피소드가 무려 사 년 치나 쌓여 있다. 이야기를 훔치는 기분으로 듣다 깜짝깜짝 놀란다. 자유롭구나. 부러웠다. 그들이라고 힘들지 않은 것은 아니다. 그들도 나도 '인생 힘든데 재밌네, 재밌는데 힘드네.'까지는 이해하지 않을까. 거기까지 안다면 통할지도 모르겠다. 내 익숙한 세계에 머무르며 느끼지 못했던 감각을 깨워주면 좋겠다. 낯선 세계는 낡지 않게 해준다. 성수에서 놀다 어느 날 교토로 옮길까 한다.

봄을 보내며:

소녀와 소녀개가 사는 법 2017. 7. 11.

우다다다다다다다 쿵

으르르르르르르르르 왕

야! 너희 둘 뛰지 말랬지.

거실을 빙 돌며 살살 시동을 건다. 한 놈이 제 방으로 뛰어들어
가 침대 위로 쿵, 몸을 던지면 그 뒤를 미처 따라가지 못한 한
놈이 왕, 소리를 지른다. 소녀와 소녀개. 내가 기르는 애들의
저녁 일상이다.

열세 살 소녀. 검고 풍성한 머리에 짙은 눈썹과 긴 속눈썹. 얼
굴만 봐서는 천생 여잔데 몸을 가만히 안 둔다. 테이블 위로 발
이 올라오는 건 예사요, 요가 선생님 뺨치는 자세로 티브이를
보는데 나만 보기가 아깝다. 식탐은 또 어떤가. 운전하다가 뒷
좌석에 앉은 녀석에게 나도 새로 나온 빼빼로 맛 좀 보자 했더
니, 글쎄, 줄 수 있을지 모르겠네. 대문이 잠겼다고 담을 훌쩍
넘고, 호기심은 또 얼마나 많은지. 2년에 한 번 대학병원 응급
실 탐방이 원칙인가 보다.

다섯 살 소녀개. 사람 나이로 서른다섯쯤 된다. 산책 갈까 하면

하네스와 손가방이 걸린 곳으로 가서 냄새를 맡는다. 집에 돌아오면, 발 닦아야지 하는 소리에 화장실에서 얌전히 기다린다. 태어난 지 한 달 만에 인간 엄마 손에 자라서인지 풍산개 유전자는 어느 털에 박혔나 싶다. 길가에 날아다니는 검은 봉지에 혼비백산하고 사료도 한 알 한 알 세어먹는 녀석은 어쩌면 나를 닮았다. 산책로에서 만난 친구 개와는 살며시 코 인사만 해야지 엉덩이 냄새까지 맡는 등 절차가 길어지거나 누군가 예쁘다고 다가왔다간 불안지수가 상승한다.

발랄 소녀와 쫄보 소녀개 그런 둘이 만난 거다. 2012년 늦가을 나는 문산 지인 아파트에 도착해 수건에 둘둘 싸인 1킬로그램 생명체를 건네받았다. 강아지를 손꼽아 기다린 소녀는 흥분 최고조였으나 품에 안은 수건을 흔들어댈 순 없으므로 눈코입 온 얼굴로 기쁨을 표현하고 있었다. 그리고 이렇게 남겼다.

'내 품에 안긴 강아지는 수건에 감싸져 있었다. 지금 같았으면 떨고 있는 것을 알아챘겠지만 그때는 초보 개언니였기 때문에 잘 알지 못했다. 나는 그때 상황이 꿈만 같았다. 도착해서 집을 만들어주고 잠시 껴안고 있었다. 생명이 느껴졌다. 사랑스러웠고 소중하게 느껴졌다.'

가방에 쏙 들어갔던 소녀개는 수의사 선생님을 놀라게 하며 1

년 만에 12킬로 중형견으로 성장했다. 개춘기 시절 여느 개처럼 소파 모서리도 해먹고 벽지도 찢으며 자랐다. 1학년 꼬마가 6학년 소녀가 될 때까지 둘은 한 집에서 먹고 자며 식구가 되었다.

소녀는 늘 서로 이해하고 말이 통하는 친구를 원했다. 아이들은 잘 놀아주는 상대만 원할 뿐이라고 했다. 다섯 살 때부터 친구였던 소울메이트와는 학교가 달라 자주 만나기 힘들었다. 소녀와 나는 합의를 봤다. 엄마 인생에 친구는 둘뿐이야. 그것도 대학 가서야 만났고. 좋은 친구는 어느 날 오더라, 진실한 사람으로 살고 있으면. 소녀는 집에 널린 책과 친구가 됐고 공부를 열심히 했다. 집에 오면 단짝이 기다리고 있었다. 둘이 뭔가 특별한 놀이를 하는 것도 아니고 대단히 재밌는 시간을 보내는 것도 아니다. 그냥 같이 있었다. 소녀가 책을 읽으면 소녀개는 코앞에서 졸았다. 멀리 있다가도 소녀가 방에서 나오면 다다다다 달려와 두 발로 벌떡 일어서 반겼다. 희한하게 소녀에게만 그래 주었다.

나는 그런 둘이 함께 있으니 조금은 안심하고 일할 수 있었다.

덩치만 크지 쫄보인 개를 소녀가 지켰고 엄마 없는 시간 소녀 곁에는 소녀개가 있었다. 작은 손으로 쓸어주고 산책을 하고 무려 간식을 나누어 먹었다. 소녀개는 소녀를 만나 행복하게 살았습니다. 소녀는 소녀개를 만나 행복하게 살았습니다. 결말은 모르겠다. 지금 소녀와 소녀개는 행복하게 산다.

3부
여름

생일 축하해

5월을 좋아했다. 우리 부부가 아이를 갖기로 계획한 2004년 여름, 첫 달에는 임신 소식이 없었고 둘째 달엔 출장이 있었다. 일을 마치고 들어간 음식점에서 순간, 속이 메슥거렸다. 두루 잘 먹고 잘 소화시키는 내게 그 느낌은 생소했기 때문에 혹시… 할 수밖에 없었다. 임신이었다.

출산 예정일은 5월 19일이었다. 나는 5월 첫 주까지 회사에 출근했고 똑바로 누워 자고 싶은 마음이 간절했는데 아기가 나올 기미는 보이지 않았다. 산부인과 의사인 이모할머니에게 전화를 했다. 당장 쪼그려 앉아 걸레질도 하고 나가서 걸으라고 했던가. 첫 아이가 그렇게 쉽게 나오지는 않는다는 것이었다. 막달 59킬로그램 내 인생에서 가장 좋아보이는 얼굴로 막 더워지기 시작한 날씨에 걷고, 걸었는데 하아, 지루했다. 이러다 6월에 낳는 것 아닐까. 당시에는 자연분만이 가능하면 기다릴 수밖에 없었다. 드디어, 예정일을 열흘 넘겨 5월 30일 유도 분만을 위해 입원하라는 의사의 명이 떨어졌다. 성별도 알려주지 않아 노랑과 연두로 아기용품을 준비한 부부에게 소녀가 왔다. 가늘고 긴 손가락을 가진, 숱 많은 까만 머리 아기 소녀였다.

여기서 시간은 훌쩍 건너뛴다. 2024년 아이가 스무 살이 되었다. 첫돌을 시작으로 열아홉 번의 생일을 보냈다. 초등학교, 중학교, 고등학교에 진학할 때마다 우리는 의식 치르듯 방을 정리했는데 졸업 앞두고 딸은 가장 많은 물건을 치웠다. 나는 배냇저고리 두 벌을 남겼다. 아이를 기르며 절절히 느낀 것이지만, 아기 소녀는 이제 없고, 앞니 빠진 소녀도 없고, 교복 입은 소녀도 없고, 내 앞에는 스무 살 소녀만 있다. 그리고 지난 생일에 딸은 기숙학원에 있었다. 당사자 없는 생일을 처음 맞았다.

나의 엄마, 전라도 출신 권 여사는 요리하는 걸 좋아해 정성껏 차린 음식과 풍성한 과일로 생일상을 거하게 차려주었다. 친구도 초대했다. 그것도 국민학교까지의 기억일 뿐이다. 중고등학교 시절은 모든 날이 뭉뚱그려져 있다. 행복한 순간조차 행복하기도, 행복하지 않기도 했다. 생일에 의미를 두지 않게 된 건 그때부터였는지 모르겠다. 내 생일을 기억하지 않아 주었으면, 알은척하지 않았으면 했다. 삶이 행복하지 않았으므로 생일 같은 게 뭐라고, 하는 비뚤고 불퉁한 마음이었다. 딸이 고등학교 2학년일 때였다. 반복되는 중간고사, 기말고사, 모의고사로 지쳐갔는데, 내 생일인 가을부터 딸은 내가 좋아하는 케이크를 사고 긴 편지를 쓰기 시작했다. 학교에 다니는 아이가 나 모르게 택배를 어떻게 받는 건지 그해 크리스마스엔 깜짝 이벤트를 열었다. 색이 고운 올 양말과 향초, 내 이름이 새겨진 키링은 잊지 못할 선물이었다. 중간중간 화이트로 수정해가며 작고 단정한 글씨로 꼼꼼하게 쓴 손편지. 어느 날 사춘기가 오고 또 어느 날 철이 드는 건가. 그때부터 우리는 소박한 파티를 열었다. 바빠서 음식 할 시간이 없으면 먹고 싶은 걸 주문하고 음식에 어울리는 술을 골랐다. 친정에는 그런 문화 자체가 없었으므로 내게는 첫 경험이었다. 생일이란 한 살 더 먹으며 새로운 나의 해를 시작하는 첫날이기도 하니까 잘 지내봐야겠다고 마음먹었다. 생일이면 드는 울적한 기분을 완전히 몰아낼 수는 없었지만 적어도 노력은 할 수 있었다.

생일 당일을 함께 보내긴 불가능하게 됐다. 나는 서프라이즈에 재주가 없어 휴가 데리러 가기 전, 책상 위에 선물과 카드를 세팅해 두었다. 원래 금일봉 봉투에 편지를 쓰는데 카드가 추가됐다. 딸이 카드 문화도 만들었다. 나의 픽은 딸이 좋아하는 까눌레에 초가 꽂혀 있는 그림의 카드. 생일 주간에는 생일자가 좋아하는 걸 먹는다. 우리 집 생일 규칙이다. 한·중·일·양, 하루에 한 가지씩 골라 먹으며 잘 보내려고 애쓰는 사이 재수하고 있다는 것도, 재수생 엄마의 불안도 잠깐 잊는다. 내 부모가 풍족을 이루느라 하지 못한 것들을 크게 돈 걱정 없이 자란 나라서 딸에게 할 수 있는 걸 테니 잠깐 부모도 이해할 수 있다. 낀 세대라는 말이 있지만 대대로 낀 세대는 늘 존재했으므로 부모 자식 사이에 낀 시절이 더 적당한 말일지 모른다. 나는 낀 시절을 지나고 있다. 잠깐씩 그들을 이해하면서, 원망했던 부모를 이해하게 되는 마음에 짜증도 내면서 말이다. 누군가를 이해하는 게 불가능하다고 해도 우리는 아주 잠깐, 서로를 이해할 수 있다.

기숙학원으로 돌아가는 날, 브런치를 먹으러 갔다. 생일 주간 마지막 식사였다. 좋아하는 카페에도 갔다. 조각 케이크를 하나 시켰는데 내가 한 입 먹었더니 생일날 못 먹을 자기 케이크라고 했다. 딸은 심각했는데 내게는 한없이 귀여운 투정이었다. 그 모습과 더불어, 책상 위에 놓인 선물에 많이 놀라는 척해준 모습도 한동안 기억하기로 한다.

기다리던 30일이 왔다. 좀 울적할 수도 있겠다 했는데 늦은 저녁까지 수업하느라 감상에 젖을 겨를이 없었다. 집에 와서 딸에게 메시지를 보냈다. 다시 태어나도 너를 만날 수 있다면 그럴 거야, 영원한 나의 딸, 로 시작하는 편지였다. 엄마는 5월의 봄을 사랑했고 5월에 꼭 너를 낳고 싶었어. 행복했으면 해. 네가 행복한 걸 보는 게 나의 행복이기도 하니까. 30일이라는 숫자를 꼭 마음에 들어 하는 엄마를 위해 12시 넘기지 않고 태어난 아이는 무사히 스무 살이 되었다. 어쩌면 떨어져 있어서 더 애틋할 수 있었던 생일 정각의 메시지. 엄마는 메시지를 보내며, 딸은 메시지를 읽으며 지었을 우리의 표정과 살짝은 슬픈 마음도 내 인생 한 장면에 추가해 본다.

나랑 놉니다

여름학기 개강을 모두 마친 다음 날 현충일에도 수업이 있었다. 정신 차리고 보니 금요일. 그런데 갑자기 일정이 취소되었다. 이렇게 기쁠 수가. 나가서 춤이라도 출 만큼 체력이 충전된 기분이었다.

나는 집콕도 혼자 놀기도 수준급이다. 친구랑 여름옷이나 사러 갈까 하는 마음도 좋고 혼자 뭐 할까 하는 마음도 좋았다. 오랜만에 나랑 놀기로 했다. 선크림만 바르면 준비는 끝. 책 한 권, 블루투스 키보드와 펜 한 자루를 챙긴다. 이제 어디로 가도 좋아.

6월 되자마자 한낮 기온이 삼십 도를 넘었다. 여름볕 느끼며 딸에게 보낼 영양제를 사러 종로에 나섰다. 아이가 택배 보내 달라고 한 목록을 읽는데 갑자기 이유 없이 심장이 지잉 울린다. 6월 4일, 대학수학능력시험 모의평가가 있었다. 9월 모평까지 석 달, 그러고 나면 11월 수능이 온다. 현실에 사로잡힐 때 우리는 두렵고 불안하다. 도망치고 싶어도 유일한 탈출구는 시간이 지나는 것뿐이다. 흘러가는 동안은 버텨야 한다. 그러므로 버티기만 해도 최고로 잘한 것이다. 그걸 깨달은 지도 얼마 안 되었다. (나는 그런 시간을 지나는 아이들 곁에서 잘하고 있다고 말해주는 역할을 오래오래 하고 싶었다.) 아이의 심장이 아니라 내 심장이 지잉 울리면, 그것이 사랑이라는 것을 알지만 사랑하는 일은 언제나 조금은 힘들다. 떨어져 있는 엄마인 나는 생각을 덜 하며 사는 것 같았지만 심장이 신호를 보낸다. 아마도 하반기 닥칠 전쟁에서 나를 지켜야 한다는 절박함이 무의식에 흐르고 있었을 것이다. 글은 늘 과거의 일이고, 현재조차 쓰는 순간 과거의 기록이 되겠으나, 지난 1월의 나는 미래의 나에게 편지를 받은 것 같았다. 불안하지… 쓰고 있으면 훨씬 괜찮아질 거야. 미래의 나에게 가는 길을 문장으로 놓는 일. 어쩌면 그것이 글쓰기 아닐까. 나에게 문장은 가장 안전한 징검다리였나, 잠시 생각했다.

가는 길, 오는 길 책 모임 게시판에 접속해 댓글을 읽고 달았다. 필요하면 늘 쓰면서 걷는다. 습관이 되었는데 이 문장을 쓰며 다시 안 그러기로 해본다. 6월의 하늘을 놓치기 때문이다.

당일 머리 예약이 될까. 버스 노선이 미용실을 지나 우리 집으로 간다. 머리를 하기로 한다. 미용실 원장님과의 인연이 어느새 십오 년이다. 다섯 살 소녀가 스무 살이 되는 걸 볼 수 있는 시간. 어른들이 이십 년만 고생하라고 한 말이 신기하게 맞았고 끝이 올 줄 몰라 힘만 들었던 날들도 있었다. 십오 년 전 내 머리숱을 기억하는 원장님은 정말 많이 줄었어요, 왼쪽 오른쪽 숱도 달라요, 말해준다. 원장님도 나이 들어가니 우리는 같이 웃을 수 있다.

가윗날 '사악' 하는 소리와 '많이 짧아집니다' 하는 오디오가 겹친다. 단발이 되었다. 사 년 만이다. 길이가 생각한 것보다 짧아졌다. 글쓰기 수업에선 아이들 눈이, 책 모임에선 어른들 눈이 커진다. 아이들이 딱 초코송이라고 해줘서 즐거웠다. 미용실에서 나오며 6월에 단발이라니 더워서 큰일났다, 대책 없이 잘랐나 하는 걱정이 스쳤다. 그런데 흔들리는 머리도, 묶인 머리도 없는 가뿐함에 감탄했다.

약국 갔다가 머리 하니 어느새 늦은 오후였다. 점심을 걸러 배가 고팠다. 이런 날 집에서 차려 먹는 건 너무하니까 제일 좋아하는 쌀국숫집에 가기로 했다. 똠얌꿍에 고수 넣어 후룩후룩 먹으니 향 좋고 새콤 칼칼한 것이 진정 꿀맛이다. 함께 맛있게 먹어주는 사람이 있는 것도 행복이고 음식점에서 틀어주는 음악 들으며 먹는 데만 집중하는 것도 행복이다. 행복에는 종류와 장르가 많다. 커피 똑 떨어진 것 생각해내고 원두를 사러 가기로 했다.

내가 저녁 첫 손님일까. "여기 원두 맛있어요. 늘 잘 먹고 있습니다." 말 한마디 얹어드리고 커피 잘하는 집이니 아인슈페너를 시킨다. 원두는 묵직하고 깊은 맛으로 골랐다. 드립백을 서비스로 받았는데 이렇게 쓰여 있다.

다크 초콜릿, 메이플, 조청
진흙에서 피는 연꽃처럼
깊고 힘 있는 멋진 커피

이렇게 멋진 커피를 끊는 건 반칙이다. 창밖으로 초록잎 가득 매단 나무 한 그루가 보인다. 크지도 작지도 않다. 아인슈페너 위에 얹힌 크림이 입안으로 들어가고 뒤이어 차고 쌉쌀한 커피가 목으로 넘어간다. 천국이다.

집에 돌아와 택배 보낼 물건 정리하고 요가 갈 준비를 했다. 파우치 하나만 들고 가 내 요가 매트 꺼낸 자리에 넣어둔다. 어딘가 가고 오는 길, 어깨에 멘 짐이 없다는 것이 얼마나 사람 마음을 가볍게 하는지 모른다. 불 끄고 마지막 숨 고르는 시간,

선생님이 쳐주는 맑고 깊은 싱잉볼 소리, 한 사람씩 눈에 덮어주는 아로마 오일 뿌린 고슬한 수건 속으로 나는 빠져든다. 사람도 매력이 있고 책도 매력이 있고 운동에도 매력이 있었다. 아침에 가면 새 소리, 늦은 오후에 가면 해가 지며 색이 달라지는 풍경, 저녁에 가면 하루를 잘 마친 것 같은 마음 때문에 더욱 빠져드는 중이다.

그다음 주 월요일에는 차를 가지고 멀리 나갔다. 여름 치마, 티셔츠, 간절기 재킷 하나를 샀다. 옷을 고르고 커피를 마시고 나랑 놀다 왔다. 나이 들어갈수록 꼭 필요한 세 가지를 고독을 견디는 힘, 유연함, 유머라고 정해 두었다. 최근 '여전히, 사랑'을 더했다. 나는 평생 고독을 잘 견딘다고 생각했는데 조금만 멀리 나가보면 안다. 돌아올 곳이 있고 사람이 있고 일이 있기 때문에 가능한 것이었다. 혼자 있을 때 외롭거나 슬프지 않다면, 혼자서도 잘 논다고 생각했다면 주변을 돌아볼 일이다. 집, 사람, 일, 종류도 장르도 다양한 사랑들이 있었을 것이다. 그 사랑을 딛고 혼자 노는 평화를 누린다.

우리 모두는 조금씩 이상한 사람이다

내가 견디기 어려운 몇 부류의 사람이 있다. 신뢰할 수 없는 사람 그리고 함부로 말하는 사람. 태도는 금세 드러나고 본성은 끝내 밝혀진다. 실수하는 사람이나 부족한 사람에게는 너그러우려고 하는데 누구에게나 연약한 면이 있다는 걸 나를 보아서 잘 알기 때문이다.

견뎌지지 않는 사람을 만나면 서서히 거리를 둔다. 물리적 거리가 가깝더라도 마음은 멀리 둔다. 거리 두기는 상처받지 않기 위해 자동으로 작동되는 힘이다. 십대 시절 아무렇지 않은 얼굴로 학교에 다녔지만 얼굴만 그랬을 뿐 상처받은 아이 하나를 데리고 다녔다. 지금이야 아주 조금 단단해진 내공이 생겨 더는 크게 상처받지 않지만, 견디기 어려운 사람 옆에 있을 때 부정적인 사람이 되기 쉬우므로 멀어짐을 택한다.

최근 INFJ는 마음속 삼세 번 후 손절, 문을 꽝 닫는 도어슬램이라는 말을 듣고 큰 소리로 웃었다. 나는 선이 분명한 사람이다. 상대에게 지키고 나 역시 지켜질 거라 생각하며 관계를 맺는다. 그리고 그 선을 넘는 순간 불편해진다. 내 약함은 여기서부터일 것이다. 거리를 두기 시작하며 마음이 빠르게 차가워진다. 하지만 티 나지 않는 가면을 쓰는 나를 상대는 알아채지 못한다. 모르니까 계속 선을 넘고 관계는 끝을 향해 간다. 그럴 때마다 생각한다. 나는 상대 입장에서 얼마나 쉽지 않은 사람일지. 왜 그때 말하지 않았느냐는 소리를 심심찮게 들었고 '사실, 나는'으로 시작하는 고백이 얼마나 뒤통수치는 말인지 딸을 통해서도 배웠다. 그런 시간이 있었기에 요즘 나는 말할 건 말해야 하나 고민한다.

같이 가야 할 사람이라면 말해야 하지 않을까. 내 마음의 차가워짐은 관계에서 주의를 기울이라는 신호다. 이삼십 대 나는 도어슬램이 특기였는데 성숙하지 않은 모습이었다. 정신건강의학과 선생님은 내게 감정의 라벨링이 덜 되어 있는 것 같다고 했다. 그래야 버틸 수 있었을 것이므로. 힘들었던 모든 순간은 그냥 '슬픔'으로 남았다. 그런 표현력으로는 관계가 버거웠다. 혼자 애쓰고, 알아주길 바라고, 상처받고, 그러다 도망치는 유약한 인간으로 남편을 만났다, 딸을 키웠다. 어쩌면 내 사랑보다 그들의 사랑이 커서 나는 달라졌다. 내게 그런 사람들이 있었다. 그러므로 나의 말이 이르거나 지나치진 않은지 헤아리면서, 갈등이 예상되어 어려운 이야기가 될지라도 피하지 않으려고 하고 있다.

나는 관계에 있어 많은 실수와 실패로 모두가 나를 좋아할 수는 없는 노릇이라는 걸 인정하게 되었다. 여전히 누군가 나를 미워하는 불안을 견딘다. 완벽하려 애써도 완전무결은커녕 나이 들어가는 얼굴처럼 점도 흠도 티도 많다. 성격과 기질은 쉽게 바뀌지 않고 개인의 역사가 만든 오늘의 나는 마음대로 어째지지 않아 우리 모두는 조금씩 이상한 사람이다. 어제의 나와 내일의 나는 또 다르니 오늘 이 순간에 진실하려고 노력한다. 좀 못나도, 우아하지 못해도 솔직할 이유가 여기에 있다.

함부로 연민하는 사람, 배려가 지나친 사람은 위험에 빠진다. 감정이입이 쉽게 되는 나는 조심한다. 마음을 쓴 일이 많을수록 생색이 예비되어 있다. 배려 뒤편에서 무엇을 욕망하는지 들여다보려고 한다. 누구에게나 좋은 사람이고 싶고 인정받고 싶어 한 행동은 상처나 화가 되어 남는다. 과거의 나뿐만 아니라 약해지는 순간의 나에게 해주고 싶은 말이다. 나는 착한 사람이 아니었지만 이제는 착한 사람이 되고 싶지도 않다. 건강한 사람이길 바란다. 이상하고도 자유롭게.

글의 비밀

글을 쓰려면 아무래도 자신의 이야기를 해야 하니 부담스러울
수 있다. 속엣말을 하자면 하고 싶은 마음이 강렬해야 한다. 터
져 나올 정도로. 그 강렬함이 부끄러움을 이기는 용기가 된다.
다른 면도 생각해 본다. 한 편의 글은 한 사람의 조각으로 봐야
한다. 전부로 판단해서는 안 된다. 사람은 그렇게 단순하지 않다.
누군가 내 글을 본다면 솔직하다고 느낄 텐데 맞다, 거짓이 아니
다. 그러나 말하지 않은 수많은 '나'들이 있다. 말하지 못하는 게
아니라 말하지 않는 것이다. 내가 말하고 싶은 것이 아니니까.
그러니 비밀은 존재하는 셈이고 모든 것을 다 말하는 것이 글쓰
기의 미덕은 아니다. 글에 비밀이 있어도 된다. 그렇게 생각하면
글쓰기가 그렇게 무서울 것도 없다.

소녀에게

가만있어 봐, 너 지금 화내는 게 아니라 서운한 거지. 엄마가 네가 어떻게 해도 그냥 네 맘 알아줬으면 좋겠는 것 맞지. 그러면 서운하다고 말해도 돼. 엄마, 나는 엄마가 이렇게 해줄 줄 알았는데 안 해줘서 서운해. 그렇게 말해도 괜찮아.

엄마는 요즘 엄마 마음을 아주 세밀하게 나눠 봐. 네가 6월 휴가 나오면서 들어갈 때는 기숙학원 버스 타고 들어가겠다고 했잖아. 친구랑 일찍 영화 한 편 보고 말이야. 처음엔 섭섭하더라고. 우리 한 달에 나흘밖에 못 보는데 딸들은 엄마 마음 같지 않구나 싶었지. 그리고 마음을 고쳐먹었어. 딸에겐 친구가 있어야 돼. 같이 복귀할 친구가 있으니 얼마나 좋아. 그렇게 생각하고 훌훌 털었지. 그런데 네가, 엄마가 데려다주면 헤어질 때 울적해서 그런 거라고 말했잖아. 그 말을 듣고 기뻤어. 돌아오는 길에 나만 울적한 줄 알았는데 아무렇지 않아 보이는 너도 그랬구나. 마음이 같을 때 느껴지는 반가움 같은 것 있잖아. 그런데 동시에 짠한 마음이 들더라. 얼마나 힘들면 혼자 가야겠다는 생각을 했을까.

어떤 마음이든 우리가 느끼는 마음은 옳은 마음이야. 있는 그대로 말할 사람이 있다는 건 정말 좋은 것 같아. 스무 살 재수생은 아직 엄마 품 안에 있는 걸까. 네가 좋아하는 사람이 생기길 기다리고 기대해. 사랑은 좋아하는 사람이랑 맛있는 것 먹는 거라잖아. 사랑은 좋아하는 사람과 하루 일과를 나누는 일이기도 하지. 진짜 사랑은 사람을 크게 만들어. 사람이 커졌는데 사랑도 당연히 커지지. 그 사랑으로 아름다운 일들을 하면 좋겠다.

어느새 6월이야. 지금은 여러 가지로 힘들겠지만 이 시간이 모두 지나고 우리 서로 아끼는 사람으로 남아 맛있는 것 먹으면서 있는 그대로의 마음을 솔직하게 이야기하고 세심하게 나를 들여다볼 수 있다면…

소녀가 처음으로 혼자 들어가고
다음 날 오전 학원에서 전화가 왔다.
콧물이 줄줄 난다고,
외부에 나가서 병원 진료 받는다고.

이별병이네.

늘 기다려준 너에게

너는 태어난 지 한 달 만에 나에게 왔어. 나는 아무것도 모르는 엄마였어. 어릴 적 너희와 살아 보았기에 잘 안다고 생각했는데 그건 착각이었어. 너희를 돌보는 일은 내 엄마의 일이었고 나는 오가는 사람일 뿐이었어. 그래도 너희들은 한결같이 반가워했지. 너를 데려오고 오래지 않아 알았을 거야. 나는 너를 기를 준비가 안 된 사람이었어. 일과 육아, 집안일로 가득 차 있었으니까.

너는 겁 많고 소심한 아이였어. 나는 밖으로 나다니는 걸 좋아하지 않는 사람이었어. 우리는 고양이와 집사처럼 함께 있을 뿐이었어. 너는 너의 세계를 배우지 못한 채 나에게 왔고 나는 그걸 가르칠 수 없는 엄마였어. 다른 말을 쓰는 사람들과 살았으니 너는 볼 수 있지만 듣거나 말하지 못하는 아이가 된 거야. 친구를 사귈 수도 없었어. 친구가 하는 말도 알아듣지 못했거든.

너는 몸도 아팠어. 첫 수술이 종양 수술이라니. 양성이어서 다행이었고 최소한으로 절개를 했음에도 나는 두려웠어. 네가 스트레스를 받으면 안 될 텐데. 나는 너를 세상에 막 내놓지 못했어. 너를 놓치면 너는 나를 찾아올 수 없을 거고 허둥대다 사고를 당하고 말 거야. 그러면 나는 살 수 없을 것 같았어. 그래서 너를 꼭 붙들었는데 어쩌면 너는 갇힌 것 아니었을까. 알 수 없는 이유로 너는 방광염에도 자주 걸렸어. 나도 젊은 날 툭하면 방광염에 걸렸거든. 링거를 맞으며 내가 무슨 스트레스를 이렇게 받았나, 나는 약하게 태어난 걸까 생각했는데 너를 보면서 우리가 닮았나 가슴 아팠어. 아픈 사람이 아픈 사람을 알아보는 법이거든. 내가 혹시 너를 잘못 기르고 있는 건 아닌지 걱정했지만 답은 없었어. 어떻게 해줄 방법이 없었어.

너는 내가 집에 없으면 물도 먹지 않고 오줌도 누지 않고 나만 기다렸어. 내가 오면 그제야 물을 먹고 참았던 오줌을 누니까 패드는 노랗게 물들었어. 방광염 때문에 너를 차에 태우고 병원으로 달리는 게 일상인 날이 있었어. 아직도 네가 오줌 눌 때 나는 너를 지켜봐. 너는 지켜보는 눈이 싫어. 그래서 나는 몰래 봐. 몰래 보는 나를 너는 가끔 모른 척해 줘. 나는 네 소변 끝에 피가 반 방울만 섞여도 알아채는 전문가가 됐어. 이제 덜 아파 주어서 고마워.

지난 3년간 너는 정말 기다리기만 했네. 누웠던 자리가 조금이라도 더럽다고 느껴지면 바로 헤치고 깨끗한 곳에 눕기를 좋아하는데. 한 번 혀 닿은 물은 다시 먹기 싫어하는데. 발에 물 묻는 걸 싫어하고 발이 빠질 것 같은 위험한 곳은 질색이었지. 그러니 길가 배수구만 있으면 건너뛰었고 발에 물이 묻으면 파드닥 털었어. 목욕도 싫지만 엄마가 하라니까 참았지. 발톱은 죽어도 깎기 싫어서 꽥꽥 소리를 질러댔지. 수건으로 닦는 것도 싫어서 위협하며 도망가는 너. 하나도 무섭지 않았지만 그럴 때마다 나는 늘 반쯤 울고 싶었어. 어째서 우리 서로의 말을 알아듣지 못하게 되었을까. 어떻게 하면 너에게 설명할 수 있을까. 그러기엔 너무 늦어버렸을까 하는 마음에서였지.

사람들은 자주 물었어. 시바견인가요. 그러기엔 넌 눈이 동그랗고 커. 맑은 네 눈 때문에 마음이 더 아팠는지도 몰라. 수술 후 너는 몸무게가 늘었어. 엄마가 너를 목욕시키기 점점 힘들었어. 그래도 너한테는 냄새가 하나도 안 나. 우리 집에 온 사람들이 네가 같이 사는 줄 모르겠다고 할 정도였지. 하지만 나는 네 냄새를 알아. 네 냄새를 좋아해. 훗날 우리가 헤어지면 그 냄새부터 그리울 거야. 우리 이번 주엔 목욕을 다녀왔어. 크고 우람한 팔을 가진 원장님이 널 데려가셨을 때 얼마나 두려웠을까. 2년 만에 다시 만난 그분께 나는 부탁을 했어. 발 털, 엉덩이 털 안 밀어도 좋고요, 얼굴 털도 안 말려도 좋아요. 그냥 발톱 깎고 목욕만 최대한 빨리 해주시면 돼요. 유능한 원장님은 이렇게 말씀하셨어.

'겁나서 무는 척하는 거예요. 심지어 입에 손이 들어가도 물지 않는 아이예요. 스트레스를 견디는 힘이 없어서 스트레스받는 환경 자체를 너무 힘들어하게 된 것일 수 있어요.'

엄마는 또 한번 속상했지. 어쩌면 너는 아주 평범한 아이였는데 엄마가 잘못했구나. 목욕한다고, 발톱 깎는다고 너는 죽는다고 울었어. 엄마는 네 울음이 쟁쟁했는데 모른척해야 했어. 진짜 시바처럼 보송보송해져 나온 너는 귀여웠어. 흰 양말 신은 발은 또 얼마나 예쁜지. 나는 산책한 뒤의 네 발도 더럽다고 생각한 적이 없어. 네 개를 합쳐봐야 내 발 하나도 안 되는걸. 오랜만에 우리 둘만 드라이브했다. 운행 중엔 앉고 신호 정차 중엔 창문 밖으로 코를 내미는 너. 이제 네 코는 어린 강아지처럼 윤이 나지 않아. 콧등의 털도 많이 빠진 것 같은데 나는 코에 밤을 발라주면서 얘기해. 너는 온통 기다리기만 했구나. 그러면서 코가 늙어버렸구나. 눈이 늙어버렸구나. 여기저기 털이 빠져가고 있구나.

우린 앞으로도 고양이와 집사처럼 살겠지. 너는 늘 내 곁에 앉아 있을 테니까. 진짜 고양이라면 달싹 날아 무릎에 올라왔겠지만 너는 내 발밑을 차지해. 그러면서도 어쩌다 발이 닿으면 자리를 옮겨. 네가 스케일링을 받으러 가면 마취를 해야 하거든. 아주 잠깐의 시간 – 하나, 둘, 셋 만에 힘 빠진 네가 내 팔에 툭 떨어지는데 내 심장이 같이 떨어져. 언젠가 먼 길 떠나는 날 마지막으로 그걸 느끼겠지. 연습은 소용없어. 나는 펑펑 울고 말 거니까. 어느새 네가 열세 살이야. 번잡스러운 것 싫어하고 누군가의 아는 척도 싫은 너는 고요한 시간에 네가 다니는 길로만 산책할 거야. 가끔은 함께 카페에 앉아 있지 않을래. 얘는 아주 자그만 고양이라고 소개해볼게. 그때도 너는 그림처럼 앉아 있겠지. 엄마가 있으니 이유도 모르는 채 몇 시간이고 기다릴 거야.

나의 고양이 같은 강아지, 그래도 칠 년은 더 내 곁에 있어 줄래.

에라, 모르겠다의 시간

나는 입을 삐죽 내밀고 있다. 머리는 단발, 왼손에 가위가 들려 있고 종이를 신중하게 오리고 있다. 일곱 살의 가위질하는 나. 집중하면 나오는 입. 사진 찍힐 줄 몰랐기에 어쩌면 가장 나다운 모습일지 모르겠다.

최근, 친정에서 사진을 찾아 가져오고 싶다는 생각을 했다. 딸이 기숙학원에 들어간 지 6개월이 지났다. 오전 수업이 없는 날엔 기상 알람을 꺼놓는다. 쉬는 날은 일요일과 월요일인데 할 일을 하거나 하고 싶은 일을 했다. 집 밖으로 한 걸음도 안 나가려다 그건 너무한가 싶어 저녁에 요가를 다녀오기도 한다. 먹고 싶지 않다면 한낮 밥을 차릴 일도 없고 누워서 책을 읽든 그러다 잠들든 아무도 뭐라고 하지 않는다. 그런데도 나는 아침에 일어나면 이불 정리하고, 스위퍼 더스터로 먼지 한 번씩 닦고, 돌돌이 테이프 밀고, 청소기 돌리고, 아침에 먹은 것 설거지하고, 그리고 나서야 커피 한잔 내려 책상 앞에 앉았다. 어느 날, 이런 게 다 뭐라고 나는 매일 똑같이 살고 있을까 생각했다.

쉬고 싶었다. 일할 기운이 없었다고 하는 게 맞겠다. 마음속으로 수업을 줄일 계획도 세웠지만 수업은 오히려 늘었다. 살면서 나를 붙든 손들이 알고 보면 내게 내밀어진 고마운 손이라는 걸 어렴풋이 알게 되었기 때문에 흘러가는 대로 따랐다. 화요일부터 토요일까지 뺄 수 없는 일정이라 일요일과 월요일만큼은 마음대로 쓰고 싶었다. 아무것도 돌보고 싶지 않았다. 이기적으로 생각해야 될 것 같았다. 마음의 에너지는 썼을지 몰라도 타인을 위한 몸의 에너지는 한 방울도 쓰지 않았다. 가만히 있었다. 죽은 듯이 가만히 있다가 하고 싶은 걸 했다.

가만히 있으면 죄책감이 올라왔다. 이 아까운 시간을 버리고 있네. 책 읽다 자고 밥 먹고 자고 무슨 잠을 이렇게 자나. 나가보려고 했는데 밤이 됐네. 종일 집에 있으면서 설거지만 만들었네. 그 설거지마저 안 했네. 죄책감은 내가 나한테 지우는 짐이었다. 죄책감 때문에 스스로의 목소리가 잘 안 들렸을지도 모르겠다는 생각을 했다. 투두리스트를 내려놓았다. 하고 싶은 걸 계획 없이 하거나, 하고 싶지 않은 건 안 하는 시간이 필요했다. 계획을 왕창 세웠다가 아무것도 안 해버리는 날들을 보냈다. 펑펑 낭비하듯 시간을 썼다. 가능한 한 혼자 있었다.

나는 자유로워도 됐다. 그럼에도 우왕좌왕했던 것 같다. 계획을 세우지 말아야겠다고 계획을 세우는 꼴이랄까. 한 주는 하고 싶은 일을 하겠다며 일을 몰아서 하고, 또 한 주는 힘에 부쳐 잠만 잤다. 시행착오를 겪고 있는 줄도 모르고 6개월을 보냈다. 해야 할 일과 하고 싶은 일, 하고 싶은 마음과 안 하고 싶은 마음 사이를 오갔다. 그럴 때에도 시간은 충실히 갔다. 시간만이 한 치의 흔들림 없이 흘렀다. 돌이켜보면 내 부모가 삶으로 가르친 책임감 덕분에 잘 살기도 했지만, 책임감이라는 화분에는 죄책감이라는 씨앗도 함께 심겨 왔다. 허투루 보내는 시간은 죄가 아닌데 그걸 배우지는 못했다. 내가 그렇게 사는 동안 주변 사람 모두 열심히 책임지는 사람으로 채워졌다. 내가 그중 1호 베짱이가 되어야 할 텐데. 웃긴 건 베짱이도 밤낮없이 노래를 불렀다는 것이다.

물이 똑똑 떨어진다. 컵을 채우려면 한참이나 걸릴 것 같지만 반드시 채워진다. 표면장력을 뚫고만 한 방울 덕분에 물은 넘친다. 흐른다. 흐르기 시작하기까지 시간이 걸리지만 흐르면서 비로소 채워졌다는 걸 알게 된다. 지난 6개월이 나에게 어떤 시간이었는지 몰랐는데 깨닫는 날은 생각보다 빨리 왔다. 얼굴이 눈에 띄게 밝아진 걸까. 좋아 보인다는 말을 많이 들었다. 사 년간 기른 머리를 잘라서도 그렇고 옷차림이 달라져서도 그렇고 무엇보다 마음이 달라져서였을 것이다. 올봄이었을까, 지난겨울이었을까. 나도 내가 너무 지겨워 생각 없이 한 말이었는데 선언이 됐다. '열 번, 백 번 생각하던 것 올해는 딱 세 번만 생각하고 결정할 거야. 지나간 일에 대해서는 더 생각하지 않고 신경도 안 쓸 거야.' 전전긍긍하던 마음 절벽에서 마치 나는 여기까지인 것 같아, 하고 손을 놓아버리는 심정으로 던진 말이었는데 그 문장이 내 두 번째 자아라도 된 듯 척척 결정했다. 물론 자기 전에 이불 덮으며 곱씹기는 한다. 이제 그것도 딱 세 번만 하고 끝내기로 해본다.

글쓰기의 힘에 대해 말하지 않을 수 없다. 나는 대단한 글을 쓰려고 한 적이 없다. 시인과 촌장의 〈가시나무〉가 주제가인 나는, 나 한 사람 이해하는 것이 목표였고 봄, 여름, 가을, 겨울의 나를 잘 지켜보겠다는 것이 올해 글쓰기 목표일 뿐이었다. 그런데 이야기를 내놓으면 내놓을수록 초라해지기는커녕 나를 긍정하기에 이른다. 정확히 알면 이해하게 되고, 이해가 깊어지면 공감하게 된다는 진리가 스스로에게도 통한 것이었을까. 쓰는 만큼 나를 알았다. 일을 제외하면 영 헛똑똑이라는 것. 사랑하는 사람 앞에서만 진짜 모습을 보여주게 된다는 것. 그 모습이 나약하고 몇십 퍼센트 부족해도 상당히 귀엽다는 것. 그런 채로 살아도 괜찮다는 것. 삼십 년쯤 되어야 어떤 사람이 온전히 편안해지기 시작하는, 복잡하고 이해하기 힘든 사람. 나는 힘들 때마다 그 모습 그대로 글을 썼다. '가지런히 정리된 한 사람의 기록'《쓰기의 말들》 은유, 유유 으로서의 글을 추앙했다.

마음을 비집고 솟아난 싹을 가만히 들여다보는 일이 쓰기다. 그 감정이 어떤 땅에서 자랐는지 살펴보면 상황과 사건이라는 뿌리가 있다. 그 뿌리를 헤집어 보는 것이 쓰기다. 그러고 나면 실체의 일부를 알게 된다. 이전으로 돌아갈 수 없게 되기도 하고 고민을 털고 새로운 길로 나아가기도 한다. 나와 마주하는 쓰기는 그래서 두렵기도 하다.

어른은 크고 작은 사건을 겪은 사람이다. 시간을 견딘 자들이다. 나는 나무처럼 조금씩 옮겨졌다. 분갈이할 때마다 몸살을 앓았지만, 정착했고, 자랐다. 분갈이가 덜 두려워진 나는 좀 살만해졌다고 – 마음이 단순해져 – 하고 싶은 게 많다. 서툴렀지만 혼자 보낸 시간, 입을 삐죽 내밀고 가위질에 집중한 일곱 살 어린이 같았던 날들, 망치고 버려지기도 한 시간들. 있는 그대로의 내 모습도 여러 가지라 어떤 모습이 나다운지 단정하지 않고 지냈다. 누워서 책을 읽다가 잠에 든다면 나도 책 속 인물들도, 머리부터 발끝까지 수직으로 받던 중력을 수평으로 분산해 받게 되는 걸까. 사이좋게 누웠던 그 시간이 나를 일으킨다. 평안하게 한다. 그렇다면 나는 그걸 좋아하는 게 틀림없다.

그러니까 하고 싶은 걸 하고 싶은 마음과 하고 싶지 않은 걸 하기 싫은 마음 중에, 하고 싶지 않은 걸 하지 말아 보라고, 하고 싶은 게 정말 하고 싶었던 건지 확인해 보라고, 혼자 가만히 있어 보라고 내가 나에게 가르쳐 주었다. 균형 감각을 찾는다고 믿는다. 그건 개미도 베짱이도 못 해낸 것이다. 근거도 없이 괜찮을 것만 같은 마음은, 어떻게 다루어야 할지 몰라 아무렇게나 해보는, 버려진 것 같은 시간을 지나서 온다. 그 누구의 목소리가 아니라 내 목소리로 '괜찮을 거야.'를 들은 뒤에 괜찮아진다. 이 시간을 나는 '에라, 모르겠다의 시간'이라 부르겠다.

내게 필요한 글

나만 할 수 있는 말을 잃으면 안 된다.
그래야 나 같은 글을 쓸 수 있다.
내겐 그게 좋은 글이다.
오늘 나에게 필요한 글이기 때문이다.

초보가 되어보는 것

요가에 가면 나는 완전한 초보가 된다. 자세가 되는 것도 아니고 호흡이 되는 것도 아니다. 모두가 폴더처럼 몸을 접어 납작해질 때 내 상체는 덩그러니 올라와 있다. 그 모습은 고스란히 거울에 비친다. 한 팔과 한 다리로 몸을 지탱해야 할 때도 나는 길게 버티지 못하므로 곧 두 팔을 쓴다. 선생님의 자세는 얼마나 아름다운가. 몸이 저렇게도 움직여지는구나. 바라만 보고 있고 싶어진다. 선생님처럼 해보고 싶다는 마음이 들었지만 오래 걸릴 것이다. 개인 레슨을 받으면 잘해볼 수 있을까 처음으로 욕심도 났다.

선생님 손이 자세를 바로 잡아줄 때 창피하면서도 행복한 마음은 또 무얼까. 펴지지 않는 몸, 벌게지는 얼굴, 끙끙 소리, 부끄러운 그 시간에 나는 선생에서 초보 제자의 자리로 완벽히 이동한다. 가장 조용히 인사하고 가장 조용히 사라진다. 무언가 새롭게 배우지 않았다면 느끼지 못했을 감정까지 느껴본다. 선생님의 말 한마디, 칭찬이 얼마나 나를 흔드는지 알게 된다. 선생의 자리로 돌아와 초보 제자의 마음을 생각하면 애틋하게 된다. 처음 하는 이들의 애씀을 한 번이라도 더 생각하게 된다.

토닥토닥.

말을 아껴 지은 글

'누굴 만나든 일정 시간이 지나면 헤어져야 해. 안 그러면 그때
부터 쓸데없는 이야길 하고 있더라고. 자랑 아니면 험담이지.
오늘은 내 말 좀 줄여야지 하는 결심도 시간 앞에서는 무너지
더라. 함께하는 시간 총량제를 스스로 정해야 돼.'

혼자 있는 시간을 원래도 좋아했지만 아무 말 하지 않는 시간
이 점점 좋아진다. 독서는 등장인물의 이야기를, 작가의 말을,
듣는 시간이다. 읽는 동안은 불쑥 올라오는 반박도 바로 전할
수 없고, 끝까지 읽어야 결론을 낼 수 있으니 절대적으로 들어
야만 하는 시간이다. 그 일방의 시간. 나는 입을 다문다. 조용
해진다. 말을 안 하는 것만으로도 얼마나 고요해지는지 모른
다. 말을 더욱 아끼고 싶다고 생각하던 차에 어떤 책을 소개하
는 글에서 '말을 아껴 지은 글'이라는 문장을 보았다. 아…

내가 찾던 말이 이것이었구나. 말을 아끼면 글이 되지. 나도 말을 아껴 글을 지어야지. 세상이 시끄러울수록 더욱. 아낀 말들로 글을 짓고 싶다. 소복하게 담긴 한 그릇 밥 같은.

좋은 사람의 손을 잡고

사람이 좋으면서 무서웠다. 별것 아닌 내가 드러나는 게 두려 웠다. 좋은 사람으로 웃으며 언제든 도망칠 준비를 했고 상처 받으면 손절할 결심도 해두었다. 나는 나에 대한 이미지만 있 을 뿐 아는 것이 없었다. 알아야 한다는 사실도 몰랐던 것 같 다. 최소한으로 사람을 남기고 최소한의 거리를 유지했는데 사람들은 나를 책임감 강하고 똑부러진 캐릭터로 보았다는 사 실이 웃프다. 나는 그것에 다시 눌리는 형국이었다.

회사를 옮기며 방황을 했다. 좋은 직장을 버리고 시작한 일이 었다. 하고 싶던 일이었으나 관계에서 문제가 생겼다. 나는 강 한 사람들 사이에서 버텨낼 힘이 없었다. 회사를 옮기고 리셋 버튼을 눌러 관계를 끊었다. 연락하고 싶은 사람이 없었고 연 락도 오지 않았으니, 카톡과 디엠의 시대가 열리기 훨씬 전이 었다. 그래서 좋기도 했다. 아쉬움이 없는 건 마음을 준 일이 없었기 때문이다. 그렇다. 그랬다.

이십 대, 삶의 의미를 찾지 않으면 살 이유가 없을 만큼 다크했다. 일을 했지만 일만 했고, 사람을 만났지만 사람만 만났다. 교감이라는 건 없었다. 성공이란 실패의 역사이므로 관계도 연습이 필요한데 나는 관계의 장에 나를 내던질 자신이 없었다. 비뚤어질 마음도 못 먹어, 갇혀 있다 탈출한 듯, 자라지 못한 채 이십 대를 맞이했다. 뒤늦은 사춘기를 홀로 외롭게 겪었다. 되고 싶은 나, 보여주고 싶은 나만 가득했다. 미성숙했다. 자식이 부모에게 치어 오래 아팠다는 걸 그들은 정말 몰랐을까. 탓하지 않으려 하나 탓하고, 안정적인 관계를 맺지 못한 어린 나를 안쓰러워하게 된다.

삼십 대에 전직을 했다. 시작이 참 초라했다. 전 직장에서 관리자까지 올랐으나 명함을 내려놓고 나니 아무것도 남지 않았다. 임신과 출산을 막 겪었고 육아를 시작해 모든 면에서 초보같았다. 그래도 마음은 편했다. 나 혼자만 잘하면 됐다. 어쩌면 혼자니까 망해도 된다는 편안함이었을지 모른다. 청소년기 아이들을 만나고 읽고 쓰며 그들이 커가는 것을 보았다. 다른 답도 없어 그냥 계속 걸었다. 그리고 나는 나에 관해 조금씩 알게 되었다. 대단한 야심가는 못 된다는 것. 그럼에도 계속 성장하고 싶어 하는 욕심이 있다는 것. 심리학자 매슬로의 욕구 단계의 하위 욕구가 채워지지 않은 나는, 딛고 선 땅이 흔들리는 사람이 되어 의미에 매달린 것 같기도 하다. 세월이 가진 힘은 '견디면 지나간다는 것'을 경험으로 알게 해주는 것이다. 감기를 앓고 난 어린애가 쑥 자라는 것처럼 나는 세월의 힘으로 컸다. 내가 겪은 모든 일이 인간사에 흔하디흔한 일이고, 인간의 삶에 거대한 의미는 존재하지 않는다는 걸 알게 되어 좋았다. 남들은 생각보다 내게 관심이 없고 나는 내가 겪은 경험과 내가 찾은 의미로 존재한다. 그렇다면 됐다. 행복해야겠다. 나에게 다정해야겠다. 나는 서서히 나를 찾은 것 같았다.

운 좋게 삼십 년 가까이 일하며 한 방향으로 걸어왔다. 이력이 차곡차곡 쌓였고 내 발걸음으로 연결한 길에 서 있다. 남은 사람을 돌아보니 몇 되지 않았지만 모두가 나를 지지하고 아낌없이 사랑해 주는 이들이었다. 좋은 사람들을 만났다. 형식적인 호구 조사, 사적인 정보 하나 없이 사람 대 사람으로 관계를 맺어가고 내 수업을 아는 양육자들은 메시지 자주 주고받지 않아도 몇 년을 믿고 보내기도 했다. 한 시절 곁에 머무는 사랑, 나는 그 사랑이 좋았다. 남 보기에 대단하지 않아도 내가 만든 내 자리를 한결같이 지켰더니 그 일의 의미와 나의 정성을 아는 사람들이 남았다.

삶이 가벼울 때 관계도 가벼워진다. 우리는 만나고 헤어진다.

있는 그대로 만나 편안한 관계도 있고, 불필요한 말을 삼가며 거리를 두어야 하는 관계도 있다. 그 관계들은 발전하기도 변하기도 한다. 나를 글로 먼저 만난 사람은 직접 만나고 나서 생각보다 밝아서 놀랐다고 했고, 나를 알고 나서 글을 읽은 사람은 언제나 필요한 말만 정확히 하는 사람이 이렇게 깊고 풍성한 이야기를 가지고 있을 줄 몰랐다고 했다. 나는 내게 두 모습이 있다는 것을 안다. 글이 원래의 내 모습에 가깝다는 것도. 소설 속 인물처럼 우리도 납작하지 않다. 입체적이고 복잡하게 선하고 나쁘다. 그렇기에 가치관과 결이 맞는 사람은, 십 년에 한 번 만날까 말까 하므로, 꼭 잡아야 한다. 마음껏 사랑을 표현해도 된다. 삶이 무거울 때 관계도 무거웠지만 (관계가 무거워 삶이 무거워지기도 한다) 이제 나는 곁에 남아 마음 가까이까지 온 사람을 환대한다. 있는 그대로. 가장 편안한 모습이다.

내가 내 모습으로 있어도 받아들여진다는 건 자식을 키우며 배웠다. 원가정 대신 내가 만든 가정에서, 사회에서 혹은 어디선가 누군가와 깊이 관계 맺으며 사람은 다시 자랄 기회를 얻는다. 나는 처음 이 말을 들었을 때 인생이 살아볼 만하다고 느꼈다. 딸은 나와 많이 달라 힘들고 어려웠다. 번번이 부딪친 시절에 끝까지 싸움을 피하지 않던 아이가 자라, 학창 시절 끝자락에 쓴 편지에 엄마 덕분에 견딜 수 있었다고 또박또박 적어주었다. 사랑받는 일만큼 사랑 주는 일이 사람을 키운다는 걸 그때 알았다. 잘 싸운 싸움이 얼마나 관계를 깊게 만드는지 경험했다. 내 부모의 전쟁은 치열했지만, 회피하고 도망가는 나보다 훨씬 나았다. 밉지만 이해되어 눈물이 난다. 눈물 나는 순간만큼씩 용서한다.

선입견 갖지 않으려고 한다. 첫인상이나 몇 마디 말이 많은 것을 결정짓는다고 하지만, 사람의 진가는 시간이 지나 드러나기도 한다. 나 역시 드러나게 되어 있으므로 좋은 사람이 되려고 애쓴다. 나는 지금 내 자리가 소중하고 곁에 있는 사람들이 소중하다. 내가 어떤 사람인지 알기에 적당한 거리도 중요하다. 내 삶을 크게 나누면 나를 몰랐던 시간, 나를 모르고 일했던 시간, 나를 알고 일하는 시간 이렇게 셋으로 나눌 수 있는데 이제 나는 나를 알고 일하는 세 번째 시간 속으로 깊이 들어간다. 좋은 사람들의 손을 잡고.

충분히 사랑한 날들이 있었다. 사랑 이면엔 난투극도, 자책과 후회, 고군분투의 시간도 있게 마련이라 그 덕분에 힘이 길러졌다. 인생의 싸움이 길고 지난해서 상처받거나 버림받을 거라는 두려움을 어느새 잊고 부지런히 사랑하고 싸웠다. 그러던 어느 날, 내가 상처 주거나 내 쪽에서 버릴 수 있다는 생각도 하게 됐다. 건강할 때 할 수 있는 생각이었다. 곁을 지켜준 사람에게 영광 돌려야지. 당신 사람 하나 구했어.

쓰는 사람으로 살며 늘 부족함을 느낀다. 모든 경험을 다 할 수 없고 경험한다고 사유가 훅훅 깊어지는 것도 아니다. 내가 붙들고 끙끙댄 일에서 겨우 조금 깨달을 뿐이랄까. 그러니 글을 쓰고 다시 살러 간다. 살다 와서 글을 쓴다. 써본 사람이 글쓰기의 어려움을 이해한다. 글은 글을 씀으로 조금씩 나아간다. 계속하는 사람이 그다음을 말할 수 있다.

걷는 사람

아팠다. 아플 시간이 주어지지 않았다. 따뜻한 물에 탄 테라플루를 마시며, 언젠가 약도 먹지 않고 꼬박 앓으리라. 나는 책 속으로 숨어들었다. 한 권 다 읽을 때까지만 아무것도 안 할 거야. 쓰면서 살기로 한 사람들이 있어 나는 아플 때 그들의 인생과 문장 앞으로 달려간다. 일하고, 사랑하고, 좌절하고, 아프고, 불안을 견딘 시간이 고스란히 쓰여 있으므로 나는 쓰는 이를 따라가며 매일의 반복에 지치지 않기로 한다. 여전한 방식으로 걸어가 보기로 한다. 쓰는 이의 글을 앞에 둔다는 건 그래서 선배 이야기를 듣는 일. 설레어라.

카톡방에 동생의 학위수여식 영상이 도착했다. 연구원으로 일하다 나이 들어 떠난 유학이다. 이름이 불리고 네가 걷는다. 목에 걸쳐지는 새파란 긴 후드가 등에 감겨 떨어진다. 이제 너는 네가 공부한 학문 쪽으로 뚜벅뚜벅 걷겠구나. 훌륭한 선생이

162

되어라. 좋은 선배가 되어라. 스무 살 시작한 공부가 마흔 끝에 끝난 걸 보니 모든 일엔 끝이 있어 안심이다. 인생은 그저 걷는 사람이 되는 일이고, 내내 걸어서 어딘가 도착한 사람 모두를 진심으로 존경하게 된다. 모든 게 대단한 일이었어. 마음으로 울다, 진짜 운다. 앓는 기쁨과 우는 기쁨이 잔치처럼 끝나고 끝은 시작이니 우리 다시 걷겠지.

수능 다시 온다

한 달에 한두 번 딸에게 택배를 보낸다. 바로 도착하게 해도 되지만 모아서 한 박스 만들어 보냈다. 나는 우체국 택배가 안심이라 사전접수 앱에 기숙학원 주소를 등록해 두었다. 그러면 매번 주소 쓰는 일 없이 사전접수했다고 말하고 출력된 송장 주소만 확인하면 된다. 6월 휴가 끝나고 딸은 혼자 들어갔다. 7월 휴가엔 데리러 가지 않고 혼자 오고 혼자 갔다. 휴가 끝나고 들어가며 보내 달라고 한 것이 있는데 캔에 든 커피 스무 개, 한 박스였다. 무겁고 번거로울 것 같아 처음으로 쿠팡에서 바로 보냈다. 화요일, 나가는 길이었다. '딩동, 진심을 다하는 롯데택배입니다.' 배송 완료 메시지와 함께 사진이 하나 떴는데 '이게 뭐야.' 나는 깜짝 놀랐다. 아무 생각 없이 우리 집 앞이라고 생각했는데! 택배물이 작은 산처럼 쌓여 있다.

많은 아이들이 그곳에 있었지. 저 택배는 다 엄마들이 보냈겠

지. 기숙학원으로 직접 보내 보지 않았다면 모르고 지나갔을
사진 한 장.

박스 속엔 커피뿐 아니라 그 여름을 버티고 싶은 마음들이 들
어 있었을 것이다.
수능 다시 온다.

성년을 확인하는 순간

드디어 하루 숨 고를 시간이 생겼다. 여름학기 책 모임을 마쳤고 고등학교 아이들 여름방학 수업도 끝이 났다. 학생들은 개학을 하지만 여름 한가운데 놓인 도시는 펄펄 끓는다. 잠깐 시간을 내어 딸이 부탁한 고등학교 생활기록부를 출력하러 갔다. 주민센터 무인발급기를 이용할 수 있을까 했는데 역시나 그건 본인만 가능하다.

"딸아이 생활기록부를 출력하고 싶은데 가능할까요."
"혹시 성년인가요."
"네, 성년인데요."
"그러면 불가능합니다. 자녀가 미성년일 경우만 가능하고요. 따님 주민등록증과 도장이 있으면 대리로 가능합니다."
"딸이 기숙학원에 있어요. 본인이 신분증을 가지고 있거든요."
"기숙학원에서 가까운 주민센터에서도 가능합니다만, 저희는 학교에 요청하고 서류를 받아드리는 거라 몇 시간 소요될 수 있어요."

그러니까 아이가 성년이 되면 부모라도 서류를 뗄 수가 없는 것이로구나. 내 아이, 라는 말이 익숙한 나는 아주 조금 당황했고, 그 당황은 낯섦에서 비롯된 것이었다. 방법이 없다는 걸 알고는 천천히 걸어 나오며 얘가 성년이 되었네… 좋았다.

밤 아홉 시가 다 되어 학원에서 전화가 왔다. 딸이었다. 의논할 일이 있어 전화한 거였는데 통화 중에 "내가 생활기록부도 출력했는데…" 하는 말을 들었다. 어? 생기부를 출력했다고? 주민센터에서 안 된다고 한 날, 본인 출력은 아주 간단하다고 알려주려고 했다. 그런데 프린터만 있으면 학원에서도 인쇄가 가능하다는 걸 찾아보고 필요한 시점에 해결한 것이었다.

전화 끊고 좋았다. 얘가 성년이 되었네. 딸은 그 생활기록부를 들고 혼자 수시 상담을 하러 간다. 입시가 본격적으로 시작된다.

계속 가는 수밖에

글쓰기 모임을 마무리했다. 기획은 일 년이었는데 곧바로 책을 낼 계획이 없다면 여기서 멈추고 각자 한 학기 경험한 대로 글 쓰며 나아가 보는 것도 좋겠다 싶었다. 정리하고 나니 사랑했던 시간이 보인다. 내가 사랑하는 방식은 아낌없이 나의 시간을 쓰는 일이라는 것도. 게시판에 마지막 공지를 올렸다. 비공개 밴드에는 다시 나만 남게 되었다.

작가 앤드루 포터의 《빛과 물질에 관한 이론》을 언제 처음 읽었던가. 신간 《사라지는 것들》이 나왔다. 《빛과 물질에 관한 이론》을 꺼내 읽었다. 기억이 사그라든 후의 재독이어서 더욱 감탄했다. 단편을 유독 잘 다루는 작가가 몇 있다. 나는 어어, 하고 끝나버리는 단편의 단면을 사랑한다. 글에 온도가 있다면 서늘함을 사랑한다. 글에 습도가 있다면 건조함을 사랑한다. 앤드루 포터의 글이 그러하다. 책 모임 방학하고 내처 책을 읽었다. 1800년대로 갔다가 2024년으로 왔다가, 1946년에 태어난 작가의 스무 살 적 이야기를 따라 1960년대로 갔다가 다시 21세기로 돌아오기를 반복했다. 요가도 한 주는 가지 않았다. 친구들이 모인다는데 잔기침을 핑계로 거절하고 틀어박힌 건 마음이 힘들다는 신호였다. 나, 왜 힘든가.

작년 이맘때 떨리긴 했지만 희망이 있었다. 대학 수시모집 접수를 앞두고 담임선생님과 상담하며 여섯 장의 원서를 조정해나갔다. 고3 아이들은 입학 후 열 번의 정기고사로 지친 상태였다. 최선을 다했다고 생각할수록, 이제 마지막이라는 생각을 할수록 희망은 커졌다. 희망은 너무도 아름다웠으나 수능 앞두고 바뀐 문제 유형과 높아진 난도로 최저등급을 맞추지 못한 수험생이 너무 많았다. 희망이 절망으로 바뀌기까지 채 3개월이 걸리지 않았다. 소설 같았다. 소설이라고 믿고 싶었다. 그로부터 한 바퀴 돌아 다시 8월이 되었다.

고3 담임선생님이 장문의 메시지를 주셨다. 마침 기숙학원에 있는 딸과 지원 대학을 놓고 두 차례 통화한 직후였다. 재수하면 당연히 더 잘 갈 수 있는 것 아니냐고 묻는 이가 있다면 훨씬 고려할 문제가 많다고 말해주고 싶다. 재수 수시가 그렇고, 한 번의 시험으로 결정되는 정시는 늘 어렵다. 재수생이지만 다시 단 한 번의 시험이 되니까. '하나의 유령이 유럽을 떠돌고 있다.' 나는 딸과의 통화에서 수능 90일 전 하나의 유령이 기숙학원을 떠돌고 있음을 감지했다. 입시를 함께 치른 부모와 자녀는 마음을 공유한다. 기본적으로 경쟁률을 봐야 하고 모집인원이 몇 명인지, 충원율은 몇 퍼센트나 되는지, 어떤 서류들이 접수될지 예측할 수 없으니 절로 고개가 숙여진다. 고3 아이들이 희망을 바라볼 때 다시 한번 도전하는 아이들은 현실을 직시한다. 8월은 그런 달이다.

단문으로 끝나지 않는 긴 이야기들. 담임선생님은 내가 아이에게 전달할 것을 고려해 조언을 메시지로 주신다. 선생님이나 나나 문장으로 의견 주고받는 일에 능숙하지만, 선생님의 염려와 나의 불안은 능숙하게 감춰지지 않는다. 책상 위 A4 용지에는 아이와 통화하며 적은 메모가 빼곡하다. 두 가지 두려움이 있다. 3년 내내 잘만 맞춰 왔던 최저등급을 수능에서 맞추지 못했다. 지원한 대학에도 모두 떨어졌다. 불볕더위에 아무 생각이 없을 법하건만 나는 지원이 예상되는 몇 개의 대학과 학과를 되뇌고 있다. 인생에서, 왜 나만, 이라는 것이 없다. 울지 않겠다고 다짐하지만 나는 나도 몰래 운다. 내 인생보다 어려운 까닭은 자식의 고통과 불안을 지켜봐야 한다는 데 있다. 나는 또 한번 어른이 되는 중이다. 고통을 겪는 일만큼이나 사랑하는 이의 고통을 지켜보는 일은 사람을 성숙되게 한다. 어쩌면 성숙하다는 애초에 불가능한 단어다. 성숙은 할 수가 없다. 피동으로 속수무책 당한 후에야 이루어지는 일이다.

글쓰기 모임을 마무리하며 아쉬움이 남았다. 경험이라 하기엔 짧았기 때문이다. 그래도 어쩔 수 없는 일이라 결정했다. 글을 대하는 마음 하나 씨앗처럼 심었다. 책 모임을 운영하며 나아갈 길을 알지만 조금씩밖에 갈 수 없어 답답할 때가 있다. 함께 걷는 속도는 그렇다. 이 모든 일을 예상하고 받아들이고 처리하는 나는 경험이 풍부한 선생님이다. 그렇지만 엄마인 나는 겨우 성년을 맞이해 안절부절못한다. 누가 이십 대로 돌아가고 싶다고 했나. 많이 듣지 못했다. 심장이 마구 뛰었다 숨이 막 안 쉬어진다. 매 순간 옳은 선택을 하고 있는지 묻게 된다. 그러다… 인생의 힘든 일이 겹친 지인의 소식을 전하는 친구와, 참담한 마음으로 말없이 헤어진 날을 떠올린다. 눈물이 나고야 만다. 우리가 계속 가는 일밖에 인생에서 무엇을 할 수 있는가.

여름을 보내며:

내 글의 쓸모 2019. 4. 2.

나는 글쓰기 선생이다. 초등학교와 중학교 아이들을 가르친다. 화요일 오전과 목요일 오후에는 어른들을 만난다. 매주 책한 권을 읽고 한 달이 지나면 글 한 편을 쓴다. 나도 글을 발표하기 위해 보이지 않는 빈 보따리 옆에 끼고 한 달여 글감 찾기에 고심한다. 학부모 상담도 종종 한다. 중학교 졸업 전까지는 읽고 쓰는 것, 정 바쁘면 읽는 것만이라도 놓으면 안 된다고 강조한다. 어른들과 하는 독서 모임 이름은 심지어 '살아갈 날들을 위한 읽고 쓰기'다. 어쩌다, 내가 읽고 쓰기 전도사가 된 걸까. 내가 읽고 쓰는 글은 어떤 쓸모가 있는 걸까.

십여 년 전, 나는 잠실의 어느 센터에서 아이들을 가르치고 있었다. 일기 몇 줄 쓰게 하기가 책 한 권 쓰는 것만큼 어려웠던한 엄마는 내가 운영하는 글쓰기 교실에 아들을 보냈다. 그런데 얼마 지나지 않아 글 분량이 쭉쭉 늘었다. 나는 가르치면서도 신기했고. 내가 겪은 일을 쓰는 게 어려운 일인가. 한 건 한대로, 본 건 본 대로, 들은 건 들은 대로, 말한 건 말한 대로, 느끼고 생각한 건 느끼고 생각한 대로 쓰면 되는데 말이다. 아이들에게는 타임머신 타고 돌아가는 거라고 가르쳤다. 그 장면으로 돌아가 보이는 대로 쓰면 된다고, 구체적으로, 자세하게,

차근차근, 차례대로, 를 주문했다. 혼자였다면 지루할 일을 친구와 함께 하니 재미있었을 것이다. 아이들이 어려워하지 않아 나도 힘을 얻었고 학교에서는 글쓰기 실력이 유용하니 내 말에는 힘이 생겼다.

거슬러 십구 년 전, 나는 일주일에 하루는 꼬박 밤을 새워 글을 썼다. 방송 자막에 스치듯 이름 석 자 들어가는 일이었지만 글을 쓰고 고치는 밤의 시간이 좋았다. 그 경력을 이어 어린이 교재를 만드는 회사에 들어가 프로그램을 제작하고 원고를 썼다. 함께 일하는 작가의 원고를 검토하고 교육계획안을 만드는 일은 쉽지 않았으나 시간이 지나면 결과물이 나왔다. 내 이름은 기획개발자였다. 글쓰기 책 서두에선 늘 말한다. 당신은 쓰는 사람인가, 쓰고 싶은 사람인가. 나는 쓰고 싶은 사람이었고 쓰는 사람이기도 했다. 그러나 쓰는 자리에 오래 있지 못했다.

결혼하고 아이를 낳았다. 멀티가 안 되는 나, 인정받아야 하고 성에 찰 때까지 일해야 하는 나. 마찰이 계속됐다. 아주 잠깐 쉬었지만 즐겁지 않았다. 육아에는 휴식도 없었다. 사람들을 만나고 오면 에너지가 바닥났다. 나는 두서없이 말하는 게 싫은데 말하지 않으면 어색해서 말했다. 내 말에 취해 말하곤 후회했다. 그러다 우연한 기회에 글쓰기 교실을 열게 되었다. 내가 아는 모든 걸 씹고 소화해 아이들에게 전했다. 아이들이 쓴 글을 읽고 함께 웃었고 어른이 아이를 함부로 대하는 이야기에는 같이 분노했다. 나는 살아났다. 잠실 그리고 목동, 작은 도서관으로 날아다니며 쓰는 사람에 대한 열망을 잊었다. 가르치는 시간이 좋았고 그들의 글을 읽는 것으로 충분한 것 같았다.

어느 날 잠에서 깼다. 몇 년간 잠든 나를 깨운 건 왕자님의 키스가 아니었다. 아이들은 쓰며 발전하고 자라는데 선생인 나는 왜 아무것도 안 쓰고 있지. 쓰고 싶다는 파도가 몰려왔다. 국민학교 때 바다에 갔다. 도착한 첫날 파도에 안경을 잃어버려 사흘 내내 모든 게 희뿌옜던 기억이 있다. 파도는 몰려왔고 나는 무엇을 잃어버렸는지 알았다. 미친 듯이 쓰고 싶어졌다. 함께 읽고 쓰는 사람만 있다면. 혼자는 자신이 없었다. 어느새 쓰고 싶은 마음만으론 쓸 수 없는 사람이 됐다. 어린 나는 서울로 돌아와 새 안경을 맞췄을 것이다. 김봉사 눈 뜨듯 환해졌을 것이고. 그랬던 것처럼 기적같이 만난 글쓰기 모임에서 매주 글을 쓰며 나는 다시 쓰는 사람을 꿈꿨다.

잘 쓰고 싶었다. 그런데 왜 이렇게밖에 못 쓸까. 좁고 얕은 사유. 한 걸음 더 가면 작위적이었고 덜 가면 솔직하지 못했다. 남의 글에 밑줄은 잘 그으면서 나는 그런 문장을 쓰지 못했다. 밑줄 친 문장이 내 문장이 되지 않았고 그들의 사유도 내 것은 아니었다. 그렇다면 나는 왜 읽는가. 쓰면서 좌절했다. 어깨에 힘이 빠졌다. 그런데 쓰고 싶은 마음이 쉬이 꺼지지 않았다. 게다가 나는 잘 쓰고 싶었다. 친구는 말했다. 원래 이유 없는 게 제일 좋은 거야. 이유가 있다는 건 그 이유가 사라지고 나면 계속할 동기가 없는 거니까. 나도 그냥 잘 쓰고 싶었다. 어른들을 위한 읽고 쓰기 모임을 진행하며 나도 글을 내기로 했다. 안 낼 이유가 없었다. 그렇게라도 쓸 구실을 이어갔다.

나는 무엇을 그토록 말하고 싶은 걸까. 나의 일상, 나의 마음, 나의 생각, 나의 슬픔, 나의 고통. 결국 나는 나를 잘 쓰고 싶다. 글을 쓰면 다정하지만 냉정하고, 한없이 이해하지만 칼같이 자르고, 인정받길 원하면서 거리를 두는 내가 나타났다. 옳고 그름을 따졌지만 늘 옳진 않았다. 인생에 가면이 여러 개 필요했고 많을수록 편했다. 문제는 벗어던질 수 있는 시간이었다. 글을 붙들고 있으면 편안하고 후련했다. 내놓기 전까지 나는 완벽히 내 편이었다. 《고종석의 문장》을 다시 읽다가 무릎을 쳤다. '누구에게나 자기애가 있거든요. 나를 완전히 다 털어서 내놓을 수가 없는 겁니다. 그러기가 굉장히 어려워요. 자기 자신을 보호하고 싶은 본능이 글 쓰는 과정에 개입해서 자신의 가장 추악한 부분, 가장 비루한 부분을 차마 드러내지 못하는 겁니다.' 맞다. 나도 글도 애초에 정직할 수 없는 거였다. 더 밀고 나가면 좋겠지만 정직하지 않다는 걸 아는 시간, 추악함과 비루함을 내게 묻고 땅에 묻는 시간, 나의 글쓰기는 거기가 자리다. 사람보다 꽃이 아름답고 사람보다 그래도 글이 아름답다. 끝내 남기고 다듬을 수 있는 말이 있기 때문이다. 글을 쓰며 비로소 알았다. 나는 아름답고 싶다.

다시 묻는다. 나는 쓰고 싶은가, 쓰는가. 필일오必日五라는 말이 있다. 매일 원고지 다섯 매 쓰는 걸 말한다. 그렇다면 여전히 쓰고 있지 못하다. 매일 쓰는 사람이고 싶으나 한 달에 두어 번 쓰는 사람이다. 그런 글도 쓸모가 있을까. 일기 쓰고 독서록 쓰고 수행평가와 자기소개서, 프레젠테이션 준비하는 것이 글의 쓸모 전부는 아닐 것이다. 무용하다 해도 나는 쓰고 싶다. 긴 호흡으로 내 추함과 너절함 확인하고 싶다. 조금 더 나은 사람이 되고 싶은 마음으로 화장하듯 쓰고 꾸민다. 맨 얼굴을 읽어 냈으니 그것으로 족하다. 잘 쓴 글이란 결과물이 아닐지도 모른다. 글쓴이에게는 쓴 시간, 독자에게는 읽은 시간만큼의 쓸모일지 모르겠다. 그리고 어떤 글이든 잊힌다. 다만 그 시간만큼은 남는다. 이제야 나도 글도 조금 알겠다.

4부
가을

오래도록, 세심한 사람

바지 하나 사둔 게 길다. 이 나라 사람들 다리는 대체 얼마큼인 건가. 한 단 접고 1센티 더 자르기로 한다. 그래도 길지만 긴 게 멋인 바지니까. 바지 끝에 지퍼가 달려 있어 잘라도 괜찮을까 했는데 지퍼에 크게 영향받지 않게 되어 있다. 물론 내 생각이 고… 세탁물과 함께 들고 갔는데 단골 세탁소 사장님이 보시 더니, 그럼 이만큼이면 되겠네 한다. 지퍼도 보고 시원시원하 게 괜찮아요, 문제없어요!

다음 날 찾으러 갔더니 바지 수선은 되었는데 여름옷 다림질 이 덜 되었다. 나는 '괜찮아요. 급한 것 아니에요.' 말씀드리고 바지만 들고 왔다. 연신, 다리기만 하면 되는데, 되는데 하셨 다. 내가 두 번 걸음 하는 게 미안한 거다.

거의 새 신발인데 밑창이 깔끔하게 떨어졌다. 다른 쪽과 비교

하니 공장에서 덜 붙여 나온 것 같았다. 매장에 맡기자니 멀고 오래 기다려야 했다. 내가 자주 신는 로퍼도, 발등 바느질이 터졌다. 신발 두 켤레를 들고 단골 구둣방에 갔다. 사장님께 보여 드리니 뒤가 없는 뮬 스타일인데 어떻게 여기가 뜯어질 수 있냐고, 혹시 뒤에서 누가 밟았는지 물으신다. 기억났다. 지하철 내리며, 길 가다가, 뒤꿈치를 두 번 밟혔다. 걷다 멈출 정도로 세게 밟혔으니 순간 내 발등에 힘이 들어가 뜯긴 거였다. 한 번이면 괜찮았을지도 모르는데 반복되니 그랬을 것이다.

다음엔 이렇게 밟는 사람 데리고 오세요.
흐흐, 네.
어딜 가냐고 하면 좀 갈 데가 있다고 하세요.

구둣방 사장님의 농담이다. 본드 붙이는 건 금세 되니까 기다리고 로퍼는 다음 날 찾기로 했다. 먼저 온 손님이 오만 원권밖에 없다고 하니 신발 가지러 오면서 줘도 된다고 했다. 그분 가고 나서 "저는 만 원짜리니 먼저 드릴까요?" 했더니 "그러지요, 모아서 거슬러 줘야지요. 다음엔 한 수십만 원 찾아와야겠네." 하셔서 한 번 더 웃었다.

내일이면 새것처럼 돌아올 것이다. 큰돈 아니지만 돈 쓰는 보람 있는 단골 가게가 오래 잘 되었으면, 나이 든 사장님들이 오래 건강하셨으면 한다. 그렇게 미약한 인연으로 좋은 분들 곁에 두고 살면 좋겠다고 했는데 그런 사람들이 생겼다. 생긴다. 상대가 겪을 불편함을 신경 써주는 사람, 인생을 조금은 가볍게 만들어주는 농담을 건넬 줄 아는 사람. 나도 그런 세심한 사람이 되고 싶어. 오래 그러고 싶어.

수술, 안 하셨네요.

그랬지. 수술은 생각도 안 하고 살았다. 대학병원 마지막 진료일은 3월이었고 9월로 초음파를 잡아주었었다. 안내문은 진료봉투 안에 곱게 넣어두고 잊었다. 그래도 근종이 커지지 않기를 바랐던 것 같다. 여성호르몬이 줄어드는데 커지기야 하겠어 하는 마음도 있었고 더 나빠질 것도 없으니 될 대로 돼라 하는 마음도 반이었다.

초음파를 본 뒤 진료실로 오라기에 한 시간 전에 도착했다. '초음파실'이라고 쓰인 곳에 갔다가 산부인과 초음파실이 따로 있다는 걸 알았다. '당일 초음파 50분 대기' 진료 삼사십 분 전에 와서 검사하면 된다더니 밀리나, 그랬는데 의료파업으로 초음파를 보는 의사가 적으니 대기가 길어지는 것이었다. 구석 한 자리를 차지했다. 잇따라 사람들이 와서 묻는 소리가 들린다. 예약 시간이 지나도 진료는 볼 수 있다는 것, 초음파는 검사와 동시에 결과가 나오니 대기 시간만 지나면 진료는 거의 끝이라는 것, 검사 자체는 한 사람당 오 분 정도 걸린다는 것까지. 간호사는 비슷한 질문에 같은 답을 반복하고 있었다.

잘 지내셨어요. 수술, 안 하셨네요. 잠시 뜸이 있었다. 근종이 커지고 있는데 왜 미루느냐는 것이다. 이곳에서의 수술을 기다리는 거냐고 물었다. 그러면 주사라도 맞고 가라고 했는데, 결정을 못 했다고 답했다. 파업 상황에서 주사를 맞고 가라는 건 시급하다는 뜻이었던 것 같다. 내년 봄에 수술하면 안 되겠냐고 했더니 터지듯 나온 말이… 왜 이렇게 무의미하게 시간을 보내시려고 하나요, 였다. '이 정도면 일상생활이 불편할 텐데.' 하는 탄식이 길게 따라붙는다. 나는 불편하지만 죽을 것 같진 않다고 했다. 그러나 그즈음 죽을 것 같은 순간을 작게 한 번 겪었다. 그러니 완전한 진실은 아니다.

의학적으로는 무의미한 시간이고 너무도 분명한 방법을 두고도 나는 시기를 고민하고 있었다. 스스로 어리석다는 것을 알면서도, 그런 때가 있는 것이 사람이지 않은가. 마음이란 특히 그렇지 않던가. 잠시 멈춰야 할 여러 가지를 생각하고 정리해야 했다. 아니, 그럴 시간은 충분히 있었는데 멈춰본 적이 없었기에 내가 통제할 수 없는 상황으로 들어가는 것이 두려웠다. '누구나 자신에게 가장 안전하게 느껴지는 삶을 선택하기 마련이다.'《기억의 빛》 마이클 온다치, 민음사 내게 안전은 곧 통제할 수 있는 것이었다.

수업 시간이 다가왔다. 중간고사 두 주 전이었다. 진료실 문을 뒤로 하며 간호사 선생님에게 조그맣게 내가 맞아야 하는 주사 이름을 알려달라고 했다. 앞쪽 수술상담실에서 수술 후 주의사항이 들려 왔다. 커트 머리에 앉은 뒷모습이 앳돼 젊은 사람인가 눈길이 갔는데 나이 든 분이 나온다. 두 달은 무거운 것 드시면 안 되고요. 무슨 수술이었으려나. 초음파실은 들어가며 주민등록번호 앞자리를 불러야 했는데 대기하는 세 명 모두 70년대생이었다. 수술은 곧 해야 할 것 같다. 삶은 예상치 못한 방식으로 나를 밀어왔으니 이번에도 믿어볼 만한지 모르겠지만 한 발 떼기에 주저하는 중이다. 내 모든 글은 주저함의 기록이다. 나아감은 오랜 주저함 끝에야 가능했다.

다음 검사 전까지 결정을 내려야 한다는 생각이 들어 MRI와 초음파 영상, 의무기록 사본을 복사했다. 근종은 계속 자란다고 했다. 그새 1.5센티가 더 자랐다. 그 정도야 하려고 했는데 선생님 표정이 좋지 않다. 철딱서니 없는 나는 안내문에 적힌 '부인과 초음파(정밀, 도플러)'를 읽고 '정밀'에 쫄았다가 '도플러'는 뭘까 궁금해졌다. 병원 문을 나서니 해는 질 채비를 하고 낮 더위가 가시지 않은 바람이 살짝 불었다. 오랜만에 든 작은 가방엔 병원 서류 봉투가 들어가지 않았다. 옆에 끼고 수업에 늦지 않으려 서둘러 횡단보도를 건넜다.

내밀하고 완전한 경험

한 시인이 '소설은 내밀하고 완전한 경험'이라고 하는 말을 들었다. 우리는 보통 책을 간접경험의 영역에 넣는다. 그런데 내밀하고 완전한 경험이라니… 마음에 쏙 들어왔다. 그 말을 가지고 싶었다. 책을 읽어 좋았던 순간이 언제인가 생각해 보면 내밀하고 완전한 경험이었을 때였기 때문이다.

나는 나의 분노로 누군가를 해칠 용기가 없었고 스스로 누군가를 해칠 수 있는 사람이라는 생각도 못 할 만큼 작은 사람이었다. 감정을 표현할 기회가 없었다. 최선을 다해 달리는 순간이 편안한 사람이 되었다. 환경이 걱정스러울 정도로 나쁘지 않다면, 내버려두면 서서히 자신을 찾아간다고 믿는다. 운이 좋으면 자신감 얻을 일도 생긴다. 어느 때부터 불안해 말고 내 감정을 온전히 보듬어야겠다고 생각했던 것 같다. 정확히는, 잘 느껴봐야겠다고 생각했다.

집착적으로 책을 모으던 날들이 있었다. 이제는 그러지 않는다. 신간은 도서관에서 빌리기 어려우니 산다. 깨끗하게 읽고 되판다. 몇 번 책장을 털어낸 후로 가지고 있는 책에 대한 미련도 많이 옅어졌다. 필요하면 사고, 언제든 내놓을 수 있다고 생각하니 홀가분하다. 대신 오늘 내 손에 들린 책이 소중하다. 한 권 한 권 내밀하고 완전한 경험으로 가고 있는 걸까. 삶도 그러길 바란다. 힘든 일도 내밀하고 완전한 경험이라고 생각하면 용기가 난다. 누구와 비교할 필요 없이 나의 감정을 느끼는 내밀하고 완전한 삶을 꿈꾼다.

완전한 대신 온전한, 이라고 하고 싶다. 내가 바라는 건 필요한 모든 것을 갖추는 것도, 모자람이나 흠이 없는 것도 아니다. 오늘 그대로의 나를 고스란히 받아들이는 것이다. 그래서 '온전한'이다. 온전하게 읽고 쓰며 가다 보면 마지막 날 비로소 완전하구나 하지 않을까. 완전의 쓰임은 한 번이면 충분하다.

실감하는 자의 것

토요일 수업을 모두 마치면 6시 40분. 주차장에서 차를 가지고 올라오면 50분쯤 될 거다. 두어 주 전부터 해가 짧아지는 것을 느꼈는데 어제는 뚜렷한 저녁 풍경이었다. 나는 가을에 태어났고 성정상 쓸쓸한 그런 날을 좋아한다. 기다리는 줄 모르고 기다리다 깨닫는다. 하늘은 끝없이 높고 기온은 나날이 내려가며 혼자 있을수록 좋은 가을날들. 파랑과 우울을 다 가진 말, 블루는 한동안 나의 단어였다. 캄캄하지는 않지만 시시각각 어두워지는 때, 나는 집으로 돌아간다. 돌아갈 곳이 정해져 있는 삶. 우리 저녁으로 뭐 먹을까 하는 작고 사소한, 시시하기까지 한 고민을 하는 그 시간이 좋다. 토요일도 꽉 채워 수업을 했고 – 첫 수업 10시, 얘들아 보고 싶었어, 잘 지냈어, 다들 한 주 동안 무슨 일 있었어, 로 시작된 날을 마감하는 시간이기도 하다. 길게 더웠던 여름과 추운 겨울 사이 나의 계절이 왔다는 걸 실감한다. 해지는 저녁의 아름다움, 짧은 계절의 아름다움

은 매일 실감하는 자의 것이다. 나는 토요일 저녁 7시 운전을
하며 그 아름다움을 마주한다.

향기

향기 나는 것들을 좋아한다. 그런데 크게 향을 가리지는 않는 것 같다. 플로럴은 플로럴대로, 우디는 우디대로, 시트러스는 시트러스대로 그때그때 즐긴다. 부드러운 거품으로 손 씻는 걸 좋아하는데 지속가능성을 생각하면 너무 비싼 제품은 망설이게 된다. 우리 세대가 그렇다. 그래서 핸드워시 정도는 적절한 가격대의 괜찮은 향으로 구입해둔다.

수능 사십 일 전이다. 딸의 방은 여전히 비어 있다. 나는 서서히 엄마의 자리에서 독립할 계획이었다. 아픈 몸도 돌봐야 했고 그래도 가끔은 딸과 같이 놀면 좋겠다고 바랐다. 그러다 재수를 하게 됐다. 유학도 고민하긴 했지만, 긴 상의 끝에 딸은 기숙학원으로 들어갔다. 그렇게 아이 방은 한 달에 스물여섯 날 비어 있다가 사나흘 채워진다. 그리웠던 향기로.

아침마다 커피를 마신다. 딸 방 정리는 매일 하지 않아도 되니까 청소하는 날 편백수를 뿌린다. 편백향이 공기 중에 채워졌다 사락 흩어진다. 내가 자주 쓰는 향수를 그 방에 가져다 놓았다. 외출하기 전에 들러 뿌린다. 금세 날아가는 샤워 코롱 하나, 그날의 향수 하나, 그렇게 믹스하는 걸 좋아하는데 방은 향기로 가득 차지만 나갈 때쯤엔 잔향만 은은하다. 거기에 아침에 내리고 남은 원두가루를 가져다 둔다.

편백, 향수의 잔향과 커피 냄새. 빈방에 향기를 담아둔다. 내가 딸을 그리워하는 방식이기도 하다.

끝내주는 인생

아침 기온이 처음으로 10도 아래로 내려간 날이었다.

오늘 나의 보호자는 친구 C. 그녀는 나보다 먼저 수술을 했다. 여전히 6개월에 한 번 검진을 받는댔다. 수술한 후 얼굴 보러 간 병동 앞 창가만 흐릿하게 기억에 남아 있다. 서른아홉인 우리는 젊었다. 더 늙어질 나를 위해, 수술하고 사진 한 장 남겨 놓을까 그런 생각을 하며 친구를 기다렸다. 약속한 시간 정각에 친구가 도착했다. 부잣집 사모님처럼 차려입고 말이다.

안녕하세요, 인사하니 노 교수님이 고개를 든다. 그러다 뒤따라온 C의 얼굴을 보고 깜짝 놀라고 또 반가운 얼굴이 된다. "아니, 어쩐 일이야…" 병원에서도 아는 사람이 있다는 건 이토록 무섭구나. "친구예요." 원래도 친절하다는 선생님이 더없이 다정하다. 영상 모니터를 내 쪽으로 보여주시고, 잠깐 침묵. 우리

둘은 선생님 입만 바라보았을 것이다. 그때 나는 침을 한 번 삼켰을까.

병원을 옮겼다. 진단이 다르지 않다. 복강경 권위자인 선생님은 어느새 육십 대가 되었고 나는 그의 손을 유심히 바라본다. 수술하기로 결정하고 금방 집에 갈 줄 알았는데, 수술 전 단계인 호르몬 주사 맞는 일정을 정하느라 진료실 앞 소파에서 이십 분을 보냈다. 수술은 3월 첫 주가 되었다. 3월은 새 학기고 4월 정기고사 보는 학생들에겐 시험 대비 기간이지만 그래도 새봄이다. 내게도 새봄, 새 몸, 새 출발이 될까. 인생 계획대로 되지 않는다는 건 익히 알았지만 수술 날짜도 계획대로 되지 않았다.

이슬아 작가의 책《끝내주는 인생》에 보면 오디오 매거진 〈정희진의 공부〉의 정희진 선생님이 한 이야기가 나온다. 영화 〈머니볼〉타자 저스티스와 일루수 해티버그의 대화다.

"뭐가 제일 겁나?"
"공이 내 쪽으로 오는 거."

'야구에서 공을 가장 많이 받고 잘 다루어야만 하는 일루수가 공이 자기한테 올 때 가장 무섭다고 대답'했다는 것이다. 저스

티스가 장난치지 말고 말해보라고 하지만 해티버그는 '진짜'라고 한다. 정희진 선생님은 이 장면에 울었다고, 그건 자기가 하는 일이 감당이 안 된다는 얘기라고 했는데, 듣는 이슬아 작가는 별안간 가슴이 미어지고, 읽는 나도 순간 먹먹해졌다.

'직업이든 공부든 생계든 해야만 하는 일이 있잖아요. 회피할 수 없는 일, 회피하면 모든 게 무너지는 그런 일이 누구한테나 있어요. 일루수한테 공은 그런 거죠. 그런데 그 일이 자신감이 없는 거예요. 감당할 수가 없는 거예요.'

정희진 선생님의 말이다. 나는 초록 포스트잇을 붙여오다 빨간색을 하나 뚝 떼어 붙였다. 회피하면 모든 게 무너지는 그런 일, 삶에는 그런 일이 있다. 그런 일을 감당하며 산다. 누군가의 뇌가, 위와 허리가, 심장과 가슴이. 그런데 그러면서 산다. 어느 날 작은 기쁨을 선물로 받기도 한다. 그것도 알게 되었다. 이슬아 작가의 할머니는, 이슬아의 친구가 망해서 빚이 산더미라고 해도 '그런 거 가지고 망했다고 하면 안 댜.' 하는 분이니까 내게도 그런 거 가지고 망했다고 하면 안 된다고 할 것이다. 나도 그렇게 생각한다. 그걸 경험 많은 의사 선생님은 '이 병원 누구라도 할 수 있는 수술'이라는 말로 표현했다. 가장 안심됐다.

나는 현재가 중요한 사람이다. 오늘에 욕심낸다. 수술 후에 얼마나 쉬어야 할까. 여전히 내 일들을 잘해 나갈 수 있겠지? 겪어보지 않은 날에 대한 보통의 두려움이다. 여기까지 와서야, 결론을 내린다. 그 정도라면 되었다. 시기마다 새로운 문제가 배달된다. 눈 뜨면 배달되는 것도 있고 일 년 혹은 십 년에 한 번 오는 것도 있다. 이렇게 오십 년 만에 배달 받는 일도 있었네. "우리 의사 빽 없으면 수술한 환자 빽이라도 써야 되는 거지?" 나는 농담하며 받는다.

친구 C가 걸어오는데 병원 복도가 다 환하더라는 내 말에, 친구 Y가 오! 환자 기죽이지 않으려고, 보호자 노릇 톡톡히 했네 그랬다. 강남고속터미널 상가에서 꽃을 사들고 나타난 Y까지 셋이 배불리 밥을 먹었다. 오후면 품절되는 빵을 사고, 맛있는 커피를 마시고, 겨울용 에코백과 흰색 셔츠를 샀다. 기꺼이 한나절을 내어준 친구들로 보호받는다. 12월부터 주사를 맞겠지만 후유증이 있어도 삼 개월이라는 정해진 날이 있다는 위안도 함께 받는다. 낮 기온이 훌쩍 오르고 바람은 불지 않아서 걸으면 등이 따스한 날이었다. 감나무에 붉은 감이 주렁주렁 달렸다. 한동안 그럴 것이다.

생각 중

친구는, 죽을 때 누군가 마중 나온다면 돌아가신 아버지일 것 같다고 했다. 나는 누구일까. 누가 나오길 원하는가. 며칠은 끌어안고 있었다. 아무리 생각해도 없다. 엄마도 아버지도 아니다. 그냥 혼자 가야지. 이게 슬픈 일일까. 마음에 누구도 들이지 못하고 살고 있구나. 누구에게도 의지하고 싶지 않은 마음이다. 그런데 그것도 내 마음대로 되지는 않을 것이다.

어떤 말은 들은 순간부터 몇 날 며칠 붙잡힌다. 한 줄이라도 쓰고 나면 그때부터 생각이 이어지게 된다. 책을 읽다가, 누군가의 말을 듣다가, 그냥 살다가. 그렇게 나와 계속 이야기한다. 그게 글쓰기일지 모른다.

마지막 택배

수능 이십 일 전이다. 왜 자식 일에 그렇게까지 마음을 졸이느냐, 어차피 타인인데. 안다. 아이의 사춘기를 겪으며 알았고 스무 살을 통과하며 또 알았지만, 사랑하는 이가 들어간 수술실 앞에 앉아 기다리는 상상을 해본다. 애가 타는 심정이 될 것이다. 절로 두 손이 모아진다. 짧은 영상을 보았다. 차량에 생일자가 타고 있으니 경적을 울려 축하해 달라고 했던가. 비상등까지 켜며 축하하는 운전자들이 있었다. 감응하는 마음이란 그런 것이다. 타인을 따라 내 마음도 움직이는 것. 다시 눈물바람이다. 가을이라 그래도 따뜻한 눈물바람이다. 애타고 졸이는 시간도 지나간다. 매일 숫자가 줄어든다. 어느 날은 훅 줄어 있다. 그래서 나는, 더욱, 오늘을 세세하게 애타게 졸이며 살고 싶다. 인생이 무엇인지 가장 생생하게 느낄 수 있는, 돌아오지 않기 때문에 소중한 날인데 조금 타버리는 것이 대수랴. 백 일간 적어 내려가는 기도문이 날마다 짧아진다. 진짜 하고 싶은 말만 남는다. 오늘의 따뜻한 눈물이 뜨거운 기쁨이 눈물이 되었으면. 모든 수험생 위해 두 손 모으는 아침이다.

*

딸이 필요하다고 한 몇 가지 생활용품과 패딩을 보냈다. 기온이 떨어질지도 모를 수능 날 필요한 옷이다. 어떤 걸 보낼까 고민했는데 고등학교 내내 입었던 검정 패딩을 보내달라고 했다. 제일 편해서 오래 입었던 옷이다. 목도리도 하나 보냈다. 딸은 목이 깔끄런 걸 못 견뎌 하니 얄팍하고 부드러운 하늘색 파시미나를 골랐다. 그 목도리만 하면 친구들이 잘 어울린다고 해줬다던 좋은 기억의 목도리다. 패딩과 목도리 모두 익숙하면서 어쩔 수 없이 학교를 떠올리게 할 것이다. 나는 이미 졸업했지, 하는 생각도 함께.

더는 보낼 것 없는 마지막 택배다. 한겨울 1월에 보내기 시작한 택배가 10월 말에 끝이 났다. 덥고 길었던 여름날, 버스에서 내렸을 때 내리쬐던 우체국 앞 뜨거운 볕을 기억한다. 열 달 꼬박 채운 재수 생활이 산고 치를 일만 남았다. 얼마 전, 수능 앞둔 또 다른 아이를 스치듯 만났는데 그 얼굴이 내 딸의 얼굴이었다. 마음이 아프면 말이 유려하게 나오지 않는다. 헤어지며 아이 얼굴을 한 번 더 돌아보았다. 첫눈에도 눈빛이 단단했으므로, 잠깐 맞잡은 손을 기억하며 '너는 잘 해내리라.' 응원을 보냈다.

간식 몇 가지도 챙겨 보냈다. 일요일 오후 커피 마신 곳에서 쿠키 두 개와 파운드케이크 한 쪽을 샀다. 딸이 좋아하는 말차와 얼그레이 그리고 유자레몬 맛이다. 보내고 나서 올리브영 들를 일이 있었는데 작은 통이 너무나 귀여운 레모나를 발견했다. 아, 저것도 보냈으면 좋았을 걸. 마지막 택배는 곧 들어간다.

수능 도시락

딸은 볶음밥을 싸달랬다. 보온도시락과 작은 국통에 맞는 조
그만 보온가방을 샀다. 비슷한 시간에 먹는 연습을 몇 번쯤 했
을까. 이 정도면 되겠지 할 때쯤 첫 수능을 치렀다. 어두워진
저녁 무렵 늦가을 비는 쏟아지고, 교문 안쪽으로 비집고 들어
가 기다리던 시간을 나는 기억한다.

주소지를 기숙학원으로 옮겨간 딸은 근처 고등학교에서 시험
을 본다. 학원 단톡방에 메시지가 올라왔다. 기숙학원에서 준
비한 수능 도시락 메뉴다.

쌀밥 유부장국 한우장조림 달걀말이
스틱떡갈비 스팸구이 진미채무침
볶음김치 도시락김 귤 초콜릿 간식꾸러미

사진 속 단체로 맞춘 보온도시락 뚜껑엔 네잎클로버가 새겨져 있다. 두 번째 수능. 열아홉이 아니라 스무 살이 된 딸은 학원에서 맞춰준 도시락을 들고 혼자 시험장으로 향한다. 엄마는 기도를 보낸다.

기꺼이 사랑을 택하겠다

멀리 가고 싶을 때가 있다. 그럴 때 차를 가지고 가는 곳이 있다. 혼자 좀 걷고 싶을 때가 있다. 그럴 때 지하철 타고 여행 가듯 가는 곳도 있다. 차를 가지고 가면 내 앞에 펼쳐지는 풍경과 달리는 차들을 본다. 사십여 분 달리면 십 년 넘게 다닌 카페에 닿는다. 지하철을 타면 앉아 있는 사람, 서 있는 사람, 통화 소리, 안내 방송, 휙휙, 덜컹덜컹 덜커덩의 시간 속에 있다 목적지에 도착한다.

누군가를 챙기지 않아도 되는 삶. 서른한 살, 꼭 이십 년 전으로 돌아간 것 같은 한 해였다. 가끔은 걱정했고 한 달에 한 번 헤어지면 슬펐지만 나머지는 잘 살았다. 홀로 있는 시간이 많이 좋았다. 사랑하는 것과 별개로 그 어떤 타인과도 부대끼지 않는 것. 자식이라도 때가 되면 훌훌 떠나보내고 싶다. 늘 근심 가득한 우리 엄마 얼굴 말고 웃는 얼굴로 보내고 싶다.

기숙학원 퇴소 안내 메시지가 두어 개 왔다. 수능 당일 아이의 짐을 챙겨 시험 치르는 학교로 데리러 가면 된다는 것이다. 사흘 앞이다. 가장 사랑 넘치는 영상들을 보고도 눈물이 나는 마지막 시간이다. 사랑하는 사람의 깊이 눌러쓴 모자를 벗기고, 앞머리를 넘기고, 이마를 짚으며 너 아프다고 말하는 장면들. 우리는 어째서 사랑하게 되는가. 사랑은 우리에게 무엇을 주는가. 다시 또 사랑을 선택할 것인가. 대중교통에 몸을 싣고 있으면 내가 운전할 때와 달리 모든 이가 움직이는 가운데 나만 멈춘 것 같은 느낌이 든다. 지하철에서 올라와 걷는다. 비로소 다른 사람과 함께 움직인다. 딸 앞에서 활짝 웃어야 할 텐데. 그의 인생이니까 내가 먼저 우는 일은 없어야 할 텐데. 그가 울때에만 같이 울어주고 싶은데. 등 두드리며 괜찮아, 잘될 거야, 말해주는 한 사람이 되고 싶은데. 깊이 사랑했으니 나는 이미 그 애 마음이 되어 아프고 힘들고… 딸에게 보내는 메시지에 나는 적는다. 너의 엄마라서 지난 일 년마저 행복했고, 힘들었고, 다시 태어나도 다시 만나도 너였으면 한다고.

역시 인생에서 누군가 사랑하는 일 외에 내가 할 수 있는 것은 별로 없음을. 그 말은 아무것도 할 수 없을 것 같은 순간에도 사랑은 선택할 수 있다는 것이기에 주어진 하루에 감사한다. 다시 지하철을 탄다. 걷는다. 집으로 돌아간다. 내일은 차를 가지고 멀리 가보기로 한다.

이것이 사랑이라고

지난 열 달간 인생 선배이자 엄마로서 내가 해줄 수 있는 것이 별로 없었다. 서로 뚝 떨어져 지낸 특별한 한 해였다. 매일 성경은 읽었지만 정작 기도는 백 일 전부터 시작했고, 몇 줄 혹은 몇 문단의 메시지를 보내는 일이 내가 한 일의 전부인 것 같았다.

11월에 접어들며 큐티는 사무엘상으로 이어졌다. 나는 딸에게 이렇게 메시지를 보냈다.

'여기까지 잘 왔다. 일단 그것에 감사하자. 너를 잘 키우고 싶었고 좋은 멘토가 되어주고 싶었고 삶을 살아가는 데 힘이 되는 것 하나는 주고 싶었어.

오늘 이스라엘 백성은 사무엘의 아들들이 사무엘의 길을 따르지 않는다며 왕을 달라고 해. 우리는 그 뒤에 계신 하나님을 보지 못해. 기다리는 것도 힘들지. 이게 안 된다면 저렇게 하면 되지 않느냐고 그것이 지혜롭고 현명하다고 할 거야. 그런데 그건 하나님의 방법이 아닐 수 있고, 그럴 때 하나님은 사무엘을 통해 권면하실 거야. 하지만 우리는 우리 소견에 옳은 대로 결국 종의 길로 가는 줄도 모른 채 고집을 부린다. 그간 우리 삶이 그랬을까 나는 마지막으로 돌아본다.

수능 전 마지막 말씀이다. 왕을 주신다는 건 우리가 원하는 것을 때로 허락하시기도 한다는 뜻이야. 그러나 세상의 왕은 헛된 것이며 내 삶의 주권을 맡겨서는 안 된다는 말씀으로 잘 듣자. 들어주되 엄히 경고하라고 하셨으니 기억해야 한다. 나도 오래오래 기억할게.

자, 이제 나아갑시다. 큰 숨 쉬고 해내는 거야. 엄마 화살기도로 함께할게. 마지막까지 애쓰자.'

*

딸은 수능 전 예비 소집에 다녀왔고 마지막으로 통화할 시간이 주어졌다. 내가 기억하는 한 가장 긴 그리고 마지막이 된 삼십 분간의 통화였다. 오후 네 시가 되면 학원에서 사용했던 태블릿도 반납한다고 했다. 나는 오후 세 시에 마지막 메시지를 남겼다.

사랑한다는 말은 내일 만나서. 긴 얘기도 내일.
자, 출전해.
엄마의 마지막 메시지야.

➡ 답글
나의 마지막 메시지도,
응, 담대하게. 내일 만나.

매일 주고받은 메시지는 우리만 아는 비밀로 남을 것이다. 다만 그 모든 시간에 사랑이 있었노라고 나는 말할 수 있다. 그 시간에 꼭 알맞은, 충실한 사랑이었다.

나는 눈물을 그치고, 딸은 마음껏 울어도 되는 시간이 왔다. 정신건강의학과 전문의 이근후 선생님이 말씀하신 것처럼 '인생은 필연보다 우연에 의해 좌우되었고, 세상은 생각보다 불합리하고 우스꽝스러운 곳이었다. 노력만으로 이룰 수 있는 일은 원래부터 많지 않았고, 흐르는 시간을 당해내는 것은 결국 아무것도 없었다. 그래서 산다는 것은 슬픈 일이다. 나라는 존재의 미약함을 깨달아가는 과정이기 때문이다.' 다행스러운 점도 있다고 했다. 인생의 슬픔은 일상의 작은 기쁨으로 회복

된다고. 나는 사랑을 더한다. 사랑으로 인해 우리는 회복된다고 믿는다.

그리고 누군가 사랑이 무엇이냐고 묻는다면 삼백 개의 메시지, 내 마음에 있는 그것을 보여주고 싶다.

가을을 보내며:
글쓰기 공방으로 오세요! 2019. 5. 22.

언제부터를 할머니라 불러야 할까. 나는 흰머리가 좀 늦게 나는 것 같다. 그러니 머리가 하얗게 되면 할머니라고 불러도 되겠다.

할머니는 서울 외곽 주택단지 골목, 손글씨 입간판이 놓인 글쓰기 공방에 앉아 있으면 좋겠다. 벽을 돌아가며 빼곡히 채운 책, 하지만 레일 책장은 싫다. 그림책, 청소년 도서, 책 모임에서 수십 년간 읽은 책을 계절별로 두고 싶다. 누구나 맛있는 커피를 내려 마실 수 있는 따뜻한 공간이었으면. 가운데 큰 테이블을 놓고 일고여덟 명 둘러앉아 배우고 수다 떨고 갓 구운 빵을 나눠 먹을 수 있는 곳. 공방 가까이에 올리브 치아바타를 파는 맛있는 빵집도 있으면 좋겠다.

할머니는 그곳에서 무엇을 할까. 글쓰기 수업을 한다. 아이들이 나를 싫어하지 않고 흰머리 할머니가 부담스럽지 않다면 신나게 떠들면서 놀다 글을 쓸 것이다. 책으로 벽을 다 채우면 안 될 수도 있겠다. 드로잉한 그림을 차곡차곡 붙일 벽면도 필요하니까.

공방에는 나이 든 개도 있다. 창가에는 푹신한 방석이 깔려 있고, 털이 하얗게 센 개는 품 넓은 표정으로 자리를 지키며 오가는 사람들과 인사를 한다. 피곤해지면 쿨쿨 자겠지. 그 개가 소녀개가 아닌 게 마음에 걸리지만 소녀개를 닮은 개였으면 더없이 좋겠다.

할머니네 글쓰기 공방에는 또 누가 올까. 친구가 된 동네 할머니들, 조금 떨어진 동네서 놀러 온 할머니, 곧 할머니가 될 아주머니들이 책을 읽으러, 드로잉을 하러, 책 모임을 하러, 늙은 개를 만나러, 그냥 커피 한잔이나 빵을 먹으러 오면 좋겠다. 할머니는 아침저녁 늙은 개 산책 말고는 자리를 비우지도, 며칠씩 여행을 떠나지도 않고 늘 그곳에서 누군가를 기다리고 싶다.

언젠가 부모님이 모두 돌아가시고 소녀가 제 삶을 세워 독립하고 소녀개가 강아지별로 이사 가 이 세상에 없을 때에도 나는 그 글쓰기 공방에서 나이 든 개와 함께 조용하지만 조용하지 않게, 수다스럽지만 시끄럽지 않게 카모메 식당이나 심야 식당처럼 사람 냄새 가득한 하루하루를 보내고 싶다. 할머니지만, 그때도 나는 나다.

에필로그
어떤 계절

입원 수속 마치고 병동으로 올라가는 엘리베이터에 섰을 때, 온통 회색이었다. 회색 맨투맨, 회색 추리닝, 회색 운동화, 허름하지 않으려다 보니 결국 회색이 겹쳤다. 가자마자 입원복으로 갈아입으니 누구에게도 보일 새가 없었다.

전날까지 열심히 청소를 했다. 당분간 무거운 것도 들지 말라고 하고 잘 시키는 성격도 못 되니 할 수 있는 한 많은 일을 해놓고 가고 싶었다. 들어가며는 마음이 편했다. 일정도 정리됐고, 집안일도 마쳤고, 삶은 계란 여덟 알과 밤고구마 찐 것 다섯 개, 썰어 담은 사과 세 통이 든든했다. 입원 첫날 할 일이 없을 거라는 건 착각이었다. 주 업무는 관장이었는데 정맥주사, 관장의 시간도 지나갔다. 저녁 일곱 시 넘어 수술 스케줄이 나왔다. 3월 5일 첫 수술 7시 50분이었다.

첫 수술이 좋은 거랬다. 걸어다니는 종합병원인 친구가 해준 말이라 그것도 좋았다. 눈은 일찍 떠졌고 허벅지까지 오는 압박스타킹 신고 대기하니 조금 떨렸다. 수술 환자 대기실에 앉았다. 일곱 명이 딱 붙어 앉는 작은 공간이다. 여자들은 똑같은 원피스를 입고 있다. 주렁주렁 수액이 걸려 있다. 위생캡을 받아 쓴다. 한 명씩 데리러 온다. 생년월일과 이름을 확인한다. 사라진다. 내가 마지막 일곱 번째 사라지는 여성이었다. SF의 한 장면 같아 큭 웃었지만, 걱정스러웠다. 마음이 무거워지려는 순간 수술실 간호사들에게 인사하는 주치의 선생님 목소리가 들렸다. 괜찮아, 잘될 거예요. 나의 선생님은 수많은 여성을 고치셨을 테니 믿기로 한다. 주사 마취니까 금세 의식을 잃을 거라는 말이 끝나고 나는 기억을 잃었다.

나를 부르는 말이 저 멀리에서 온다. 추워요? 추워요! 따뜻한 바람이 이불 속으로 들어왔다. 살 것 같다. 지금 몇 시냐고 물었는데 11시 30분이라고 했다. 시간이 왜 궁금했을까. 세 시간 반 만에 원래 세상으로 돌아왔다. 목이 말라 입이 안으로 말리는 것 같은 스물네 시간을 침대에 붙들려 있었다. 기억이 희미한 희한한 시간이 흐르고 있었다.

위험하지 않은 수술이란 없다고 생각해왔다. 입원 전, 신상에 문제가 생겼을 때 처리해야 할 일을 우선순위로 정리했다. 평소에 연명치료를 원하지 않는다고 말했고 장기기증 등록한 것까지 알고 있으니 괜찮았다. 모든 것이 괜찮았는데 수술하고 딱 하루는 힘들었다. 수술 후 숨을 깊게 들이쉬고 길게 내쉬어야 폐가 펴진다고 했는데, 그냥 많이 잤고 생각나면 숨 쉬고 링거 줄이나 어서 떼었으면 했다.

애는 낳았어요?
그럼요. 스무 살도 넘었는데요.

췌장의 돌이 커져 왔다는, 휴게실에서 알게 분은 내가 수술한 걸 알고는 몇 살이나 됐나 싶어 물었다고 했다. 삼 년 전 이곳에서 유방암 수술을 받았고 부산에서 왔는데 전날 그분이 다른 분과 대화하다 나물에 고급 기름을 쓰는 것 같지가 않아, 맛이 없어, 하는 말을 들었다. 사람들 이야길 조용히 들으면 재미있다. 나물이 한번 더 나오면 음미해 봐야겠다 했지만 반찬이 겹치지 않았다. 씩씩하게 걷는 이가 없으므로 병동은 고요했다. 모두가 힘들어 한숨 자는 오후 소파에 앉아 있다 볕이 좋아 사진 한 장을 남겼다.

수술 후 이틀을 더 병원에 있었다. 수술 당일 체온이 높고 혈압이 낮아 간호사 선생님이 걱정했다. 누워만 있는 건 답답한 일이었다. 배가 헐렁해진 건 기분 탓인 줄 알았는데 배꼽 아래까지 차오른 근종이 사라진 뒤 배가 쏘옥 들어갔다. 지방흡입급이어서 피식 웃음이 났다. 주삿바늘과 배액주머니를 제거한 날은 날아갈 듯 가벼웠다. 세발 서비스가 있다고 해 받았다. 바로 목욕을 하지 못할 수도 있으니 마음에 안 들어도 받자고 했다. 완벽주의를 좀 버리기로 했으니까. 얼굴로 물이 흘러내렸고 머리 모양이 마음에 들지 않았지만 개운했다. 집에 갈 준비가 착착 되고 있었다.

선생님이 회진 왔을 때 난소를 남길 수 있었다고 했다. 호르몬 검사에서 여성호르몬이 남아 있어 몇 년은 생리를 할 수 있을 거라고 했었다. 그때 그 말은 근종이 더 자랄 거라는 의미였지만, 자궁을 적출한 지금 난소 절제로 인한 갑작스러운 타격은 없을 거란 의미라 감사가 더해졌다. 인생, 참.

수술실에 들어가기 전 마지막으로 확인받는 건 액세서리 제거와 속옷 탈의 여부였다. 맨몸으로 원피스 하나 걸친다. 아무것도 가져갈 수 없는 것이 인생임을 수술실에서 배운다. 집안일 싹 해두고 병캉스 간다고 신나게 입원한 나, 퇴원 수속 마치고 무사히 병원을 빠져나온다. 입원 닷새 만에 보조석에 앉으니 봄이 왔더라.

216

빛을 찾을 수 없을 것 같은 터널의 시간이 있었다.
옆도 뒤도 볼 수 없는 채 달려야 하는 시간이 있었다.

돌아보니 모두가 어떤 계절이었다. 소녀는 대학에 입학하고 첫 시험을 치렀다. 시험 기간이었지만 적어도 벚꽃의 아름다움은 느낄 수 있는 대학생이 되었다. 나는 의사 선생님에게 일상으로 돌아가도 좋다는 말을 들었다. 일상이란 뭘까 잠시 생각했다. 지난 4월, 봄비가 며칠 내린 뒤 갑자기 올랐던 기온이 내려가고 하늘은 푸르고 땅은 촉촉했다. 연초록 나뭇잎의 싱그러움을 다 어떻게 담을 수 있을까… 시간만 나면 밖으로 나갔다. 오래오래 그러고 싶은 마음이 들었다. 덥지도 춥지도 않은 봄가을 며칠만 주어지는 시간을 온전히 누렸다.

어떤 계절이 지나갔다.
어떤 계절이 오고 있을 것이다.

2025년 여름
당신의 계절에 닿기를 바라며
김진희

217

어떤 계절
통과하는 시간에 관하여

초판 1쇄 인쇄 2025년 10월 20일
초판 1쇄 발행 2025년 10월 27일

지은이   김진희
편집   정원
디자인   비움과채움 trunk16@nate.com

펴낸곳   청보리
출판등록   2025년 9월 3일 제2025-000246호
주소   서울시 마포구 성지길 25-11 3층 A03호
전자우편   cheongborihouse@gmail.com
전화   070-7343-2046
팩스   0504-269-4834

© 김진희 2025

ISBN 979-11-994715-0-4 03810

ISBN 979-11-994715-0-4